Hendrik Hohnwald

Ein ganzheitlicher Ansatz von Customer Relationship Management in Konsumgütermärkten

GRIN - Verlag für akademische Texte

Der GRIN Verlag mit Sitz in München und Ravensburg hat sich seit der Gründung im Jahr 1998 auf die Veröffentlichung akademischer Texte spezialisiert.

Die Verlagswebseite http://www.grin.com/ ist für Studenten, Hochschullehrer und andere Akademiker die ideale Plattform, ihre Fachaufsätze und Studien-, Seminar-, Diplom- oder Doktorarbeiten einem breiten Publikum zu präsentieren.

Dokument Nr. V55611 aus dem GRIN Verlagsprogramm

Hendrik Hohnwald

Ein ganzheitlicher Ansatz von Customer Relationship Management in Konsumgütermärkten

GRIN Verlag

Bibliografische Information Der Deutschen Bibliothek: Die Deutsche Bibliothek verzeichnet diese Publikation in der Deutschen Nationalbibliografie; detaillierte bibliografische Daten sind im Internet über http://dnb.ddb.de/ abrufbar.

1. Auflage 2000
Copyright © 2000 GRIN Verlag
http://www.grin.com/
Druck und Bindung: Books on Demand GmbH, Norderstedt Germany
ISBN 978-3-638-68837-6

Fachhochschule Hamburg

Fachbereich Wirtschaft

Studiengang
TECHNISCHE BETRIEBSWIRTSCHAFT
Schwerpunkt: Marketing

Ein ganzheitlicher Ansatz von
Customer Relationship Management
in Konsumgütermärkten

- Diplomarbeit -
(mit drei Monaten Bearbeitungsdauer)

vorgelegt am 25. August 2000
von:
Hendrik Hohnwald
8. Semester TBW

Zusammenfassung

Diese Arbeit beschäftigt sich mit dem Versuch einen ganzheitlichen Ansatz von Customer Relationship Management (CRM) aufzuzeigen. Unter Ganzheitlichkeit werden kundenbezogene, prozessbezogene und organisationsbezogene Theorien bzw. Instrumente verstanden, die im Zusammenhang mit einem Customer Relationship Management als deren (Haupt)Elemente zu sehen sind.

Der Schwerpunkt dieses Ansatzes liegt in der Betrachtung von Konsumgüterherstellern und Konsumenten. Der Handel wird am Rande berücksichtigt und dabei tendenziell als Kundenkontaktpersonal des Herstellers verstanden. Um diese Betrachtung ansatzweise zu rechtfertigen, werden Instrumente vorgestellt, die dazu dienen, den Handel nach den Vorstellungen des Herstellers auszurichten. Sie werden als Grundelemente eines ganzheitlichen Ansatzes bezeichnet. Diese Grundelemente beinhalten ebenfalls die fünf Phasen des Kaufentscheidungsprozesses, welche die Grundlage für die Orientierung zur Identifikation einiger ausgewählter kundenbezogener Instrumente sind sowie einen Totalansatz von Konsumentenverhalten, um mit dessen Hilfe die Wirkung des CRM im Sinne seiner Zielsetzung am Kunden zu begründen.

Hierfür beschäftigt die Arbeit sich erst mit dem Begriff des Customer Relationship Management, indem dieser im Verständnis dieser Arbeit definiert wird, um dann dessen zu berücksichtigenden Hauptziele in einem angedeuteten Zielsystem festzulegen. Nachdem die (Haupt)Elemente vorgestellt wurden, werden deren Beziehungen untereinander untersucht, welche zusammengesetzt den ganzheitlichen Ansatz von CRM in Konsumgütermärkten darstellen. Der Schwerpunkt liegt hierfür in den Beziehungen zwischen den kundenbezogenen Instrumenten und den Grundelementen, den kundenbezogenen Instrumenten und den prozessbezogenen Theorien sowie den prozessbezogenen und organisationsbezogenen Theorien.

Diese Arbeit wird abgeschlossen mit Ansätzen zur Wirtschaftlichkeit der Kundenbindung im Allgemeinen bzw. Instrumenten zu deren Ermittlung. Sie stellen den Gesamtkontext her zur Begründung eines ganzheitlichen Ansatzes von CRM.

INHALTSVERZEICHNIS

DARSTELLUNGSVERZEICHNIS V
ABKÜRZUNGSVERZEICHNIS VI

A. Einleitung 1
   1. Die Bedeutung eines Versuchs zum ganzheitlichen Ansatz von Customer Relationship Management (CRM) in Konsumgütermärkten 1
   2. Problemstellung und Abgrenzung der Arbeit 3
      2.1. Problemstellung 3
      2.2. Abgrenzung 5
   3. Definition und Ziele von CRM 7
      3.1. Definition 7
      3.2. Zielsetzung 9

B. Instrumente des Marketing und Organisationsentscheidungen zur Bindung des Handels sowie das Kaufverhalten der Endverbraucher als zu berücksichtigende Grundelemente im ganzheitlichen Ansatz von CRM 11
   1. Instrumente des Marketing und Organisationsentscheidungen zur Bindung des Handels 11
      1.1. Trade Marketing 11
      1.2. Category Management 12
      1.3. Efficient Consumer Response (ECR) 13
      1.4. Key Account Management 15
   2. Ansätze zum Kaufverhalten der Endverbraucher in Konsumgütermärkten 17
      2.1. Die fünf Phasen des Kaufentscheidungsprozesses 17
      2.2. Ein Totalansatz von Konsumentenverhalten 18

C. Ausgewählte Instrumente des Herstellers und des Handels zur Bindung von Endverbraucher aufgeführt entlang dessen Kaufentscheidungsprozesses als zu berücksichtigende Elemente im ganzheitlichen Ansatz von CRM 20
   1. Einführung 20
   2. Anregungsphase (Need Recognition) 21
      2.1. Instrumente des Herstellers 21
         2.1.1. Erlebnisorientierte Kommunikationspolitik 21
      2.2. Instrumente des Handels 22
         2.2.1. Werbepolitik 22

3. Suchphase (Information Search) 23
   3.1. Instrumente des Herstellers 23
      3.1.1. Online Marketing 23
      3.1.2. Telefonmarketing (passiv) 23
   3.2. Instrumente des Handels 24
      3.2.1. Katalogmarketing 24
      3.2.2. Kundenkarte 24
4. Auswahlphase (Evaluation of Alternatives) 25
   4.1. Instrumente des Herstellers 25
      4.1.1. Produktnutzen 25
      4.1.2. Nutzenorientierte Preispolitik 25
   4.2. Instrumente des Handels 25
      4.2.1. Sortimentspolitik 25
5. Kaufphase (Purchase Decision) 26
   5.1. Instrumente des Herstellers 26
      5.1.1. Electronic Commerce (Online Shopping) 26
   5.2. Instrumente des Handels 26
      5.2.1. Verkaufspersonalpolitik 26
6. Bestätigungsphase (Postpurchase Behaviour) 27
   6.1. Instrumente des Herstellers 27
      6.1.1. Kundenclub 27
      6.1.2. Beschwerdemanagement 27
   6.2. Instrumente des Handels 28
      6.2.1. Servicepolitik 28
7. Zusammenfassung 29

D. Die organisationalen *Prozesse* als zu berücksichtigende Elemente im ganzheitlichen Ansatz von CRM 29
   1. Einführung 29
   2. Organisationsentwicklung 30
      2.1. Definition und Grundlagen der Organisationsentwicklung 30
   3. Organisationales Lernen 34
      3.1. Definition und Grundlagen des organisationalen Lernens 34
   4. Wissensmanagement 37
      4.1. Definition und Grundgedanke des Wissensmanagement 37

5. Total Quality Management ... 40
   5.1. Definition und Grundgedanke des Total Quality Management ... 40
6. Zusammenfassung ... 42

E. Die *Organisation* als zu berücksichtigendes Element im ganzheitlichen Ansatz von CRM ... 43
   1. Einführung ... 43
   2. Unternehmenskultur ... 44
      2.1. Definition und Grundgedanke ... 44
      2.2. Unternehmensleitbilder als Träger der Unternehmenskultur ... 46
      2.3. Menschenbilder als Träger der Unternehmenskultur ... 47
      2.4. Prägung der Kultur durch Instrumente des internen Marketings ... 48
   3. Situatives Organisationsmodell ... 49
      3.1. Definition formale Organisation und Grundgedanke des situativen Ansatzes ... 49
      3.2. Die Netzwerkorganisation als formale Struktur der Organisation ... 53
      3.3. Führungsstile ... 54
   4. Zusammenfassung ... 55

F. Die Wechselbeziehung der Elemente im ganzheitlichen Ansatz von Customer Relationship Management in Konsumgütermärkten ... 55
   1. Einführung ... 55
   2. Die Beziehung zwischen den Instrumenten der Kundenbindung und den Grundelementen ... 56
   3. Die Beziehung zwischen den Instrumenten der Kundenbindung und den Elementen der organisationalen Prozesse ... 60
   4. Die Beziehung zwischen den organisationalen Elementen und den Elementen der organisationalen Prozesse ... 65
   5. Ein Modell zum ganzheitlichen Ansatz von Customer Relationship Management in Konsumgütermärkten ... 67

G. Ansätze zur Begründung und Ermittlung der Wirtschaftlichkeit eines ganzheitlichen Ansatzes von CRM ... 68
   1. Einführung ... 68
   2. Kundenwert ... 68
   3. ABC-Analyse und Kundendeckungsbeitragsrechnung ... 69
   4. Beziehungslebenszyklus ... 70
   5. Kundenportfolio ... 70

H. Schlussbetrachtung 72

Quellenverzeichnis 73

DARSTELLUNGSVERZEICHNIS

Darstellung 1: Erwartungsmodell ... 4
Darstellung 2: Hybrid marketing channel ... 7
Darstellung 3: Basisstrategien des ECR ... 14
Darstellung 4: Multifunktionale Teams ... 16
Darstellung 5: Kaufentscheidungsprozess ... 17
Darstellung 6: Ein Totalansatz von Konsumentenverhalten im ganzheitlichen Ansatz von CRM ... 19
Darstellung 7: Die gesunde Organisation ... 32
Darstellung 8: Modell der Organisationsentwicklung ... 33
Darstellung 9: Die drei Ebenen des organisationalen Lernens ... 36
Darstellung 10: Bausteine des Wissensmanagements ... 39
Darstellung 11: TQM als sozio-technisches System ... 41
Darstellung 12: Die drei Ebenen der Unternehmenskultur nach Schein ... 45
Darstellung 13: Modell des situativen Ansatzes nach Kieser/Kubicek ... 50
Darstellung 14: Autoritärer und kooperativer Führungsstil ... 54
Darstellung 15: Die Beziehung zwischen den Elementen der Kundenbindung und den Grundelementen ... 58
Darstellung 16: Die organisationalen Prozesse als Gesamtsystem ... 62
Darstellung 17: Ein Modell zum ganzheitlichen Ansatz von CRM ... 68
Darstellung 18: Schema der Kundendeckungsbeitragsrechnung ... 70
Darstellung 19: Kundenportfolio-Matrix ... 71

ABKÜRZUNGSVERZEICHNIS

CM	Category Management
CRM	Customer Relationship Management
ECR	Efficient Consumer Response
GSM	Global System for Mobile Communications
ITU	International Telecommunication Union
KAM	Key Account Management
TQM	Total Quality Management
UMTS	Universal Mobile Telecommunication System
WS	Wintersemester

A. Einleitung

1. Die Bedeutung eines Versuchs zum ganzheitlichen Ansatz von Customer Relationship Management (CRM) in Konsumgütermärkten

Leidet unsere Gesellschaft heute noch unter einer Informationsflut und der Konsument unter der damit verbundenen Informationsüberlastung[1], so werden Informationen jeder Art zukünftig unter einem geringeren Einsatz von Zeit und Geld zu beschaffen sein. Das Internet stellt in dieser Hinsicht sicherlich erst den Anfang dar, wo der Konsument heute bereits von zuhause aus zu einem selbst bestimmten Zeitpunkt sich die Informationen beschaffen kann, die er für seine Kaufentscheidung braucht und in vielen Fällen sogar schon diese Ware bestellen bzw. erwerben kann unabhängig von Ladenöffnungszeiten. Ab 2002 wird dieser Aspekt der aktiven Informationsbeschaffung eine weitere Dimension erfahren, nämlich dann wenn die ersten UMTS[2] Geräte auf den Markt kommen werden. Mit diesen Mobilfunkgeräten der 3. Generation wird der Konsument zusätzlich in der Lage sein, von jedem Punkt dieser Erde[3] aus Informationen unter den gleichen Bedingungen zu beschaffen. Nur, dass es dann nicht mehr heißen wird "zu jedem Zeitpunkt von zuhause aus", sondern "zu jedem Zeitpunkt von überall aus". In diesem Zusammenhang wäre es denkbar, dass bisher ungenutzte Zeit, wie z.B. die Fahrt mit der Bahn, genutzt werden könnte, Informationen über Produkte zu sammeln oder den Vergleich von Alternativen vorzunehmen. Obwohl in Zukunft eher damit zu rechnen ist, dass die Suchmaschinen so ausgereift sein werden, dass nur noch ein Satz Kriterien von der Spezifikation bis zum Preis des gewünschten Produktes angegeben wird, die dann den günstigsten Anbieter ermittelt. "Zu jedem Zeitpunkt von überall aus" Bestellungen vornehmen zu können, würde aber auch bedeuten, dass der Konsument auf Werbungen von Unternehmen sofort in Form eines Kaufimpuls reagieren könnte, ohne erst ein Ladengeschäft aufsuchen zu müssen.

Diese Überlegungen müssen noch um den Punkt ergänzt werden, das Speichermedien in den letzten Jahren immer günstiger wurden, was die Grundlage für riesige Datenbanken schafft, die Informationen über jeden einzelnen Konsumenten speichern könnten. In Verbindung mit intelligenter Software könnten diese Daten immer wieder zu aktuellen Informationen über ein verändertes Konsumverhalten jedes einzelnen verdichtet werden. Das Unternehmen würde dann die Relevanz eines neuen Produktes schneller erkennen oder den Konsumenten an eine andere Unternehmung weitergeben, wenn er aus der eigenen definierten Zielgruppe herauswächst. Der "gläserne" Konsument wäre dann geboren, der sich auf die

---
[1] vgl. Kroeber-Riel, 1993, S. 11 ff
[2] UMTS ist der Mobilfunkstandard der 3. Generation. Mit Übertragungsraten von 2 Megabit pro Sekunde lassen sich durch diesen Standard mobile Multimedia Anwendungen realisieren (vgl. http://www.bienzeisler.de)
[3] Dieser Service wird sich allerdings auf die ITU-Mitgliedstaaten beschränken

Hersteller im Hintergrund verlassen kann und sich nicht mehr mit den Phasen seines eigenen Kaufentscheidungsprozesses abmühen müsste, sondern sich auf wichtigeres als sein eigenes Konsumverhalten konzentrieren könnte.

Als Beispiel wäre denkbar, dass in Zukunft ein Ernährungsprofil bei einem "Lebensmittelmakler" hinterlegt wird, welches sich auf die gewünschte ausgewogene Ernährung des Individuums bezieht und ebenso Daten über die präferierten Geschmacksrichtungen beinhaltet. Wichtig wären in diesem Fall nur noch die Inhaltsstoffe und der Geschmack des Lebensmittels. Diese Systeme könnten unterstützt werden durch "Neuronale Netze", die das Konsumverhalten des Individuums lernen und dann u.U. zukünftig Prognosen über dessen Bedürfnisse erstellen[4].

Levine, Locke, Searls & Weinberger fassen vorangegangene Überlegungen in ihrem "The cluetrain manifesto" mit den folgenden Worten zusammen:

"Thanks to the web, markets are becoming better informed, smarter, and more demanding of qualities missing from most business organizations.[5]"

Demnach wird das Unternehmen sich einen fast uneinholbaren Wettbewerbsvorsprung sichern können, das es schafft die neuen sowie die alten Medien zu einem Medien-Mix zu verbinden, der von den Konsumenten als Bereicherung statt einer Belastung wahrgenommen wird sowie die Fortschritte in der Informationstechnologie ohne nennenswerten Zeitverlust umsetzen kann und darüber hinaus in der Lage ist den Konsumenten den Nutzen der eingesetzten Technologie zu vermitteln. Eine Firmenpolitik durchgesetzt wird nach dem Motto: "Die Visionen von heute binden den Kunden von morgen."

Dieser vorliegende ganzheitliche Ansatz versteht sich als Versuch, Zusammenhänge in diesem Kontext zu zeigen, um so mögliche andere Sichtweisen der Problematik der Kundenbindung zu eröffnen. Die Ganzheitlichkeit bezieht sich dabei auf den *Kunden*, auf die *Prozesse*, die ein intensiver Kundenkontakt auslöst oder unterstützt und die *Organisation*, welche den reibungslosen Ablauf der Prozesse gewährleisten sollte.

Dieser Ansatz wird hoffentlich neue interessante Fragen aufwerfen, die weitere Diplomanden zu einer detaillierten Untersuchung anregen, um diesen Ansatz zu verfeinern oder noch mehr zu "verganzheitlichen", in dem weitere Komponenten wie z.B. Logistik und Produktion in einer separaten Arbeit ergänzt werden. Bleibt abschließend zu bemerken, dass die vorliegende Arbeit nicht den Anspruch erhebt, widerspruchsfrei oder pragmatisch geschweige denn in ihrer Darstellung vollständig zu sein. Dies wäre bei der Masse der Informationen in dem vorgegebenen Rahmen einer Diplomarbeit auch unmöglich.

---

[4] Grundlage dieser Überlegung ist das Ergebnis von Thiesing et al., "Abverkaufsprognose mit paralleler Backpropagation", 1995, die bei der Abverkaufsprognose von Artikeln einer Produktgruppe für eine Supermarktkette mittels Neuronaler Netze einen Prognosefehler kleiner als ein Stück ermittelten
[5] Levine et al., 1999, S. 2

2. Problemstellung und Abgrenzung der Arbeit

2.1. Problemstellung

Die Idee zu dieser Diplomarbeit erwuchs aus der Überlegung zu einem "Erwartungsmodell", die innerhalb einer Studienarbeit mit dem Thema *"Die Darstellung der wesentlichen organisationalen Lernbarrieren und die Bewertung von organisatorischen und kulturellen Maßnahmen zur Vermeidung und Überwindung derartiger Barrieren"* durchgeführt wurde. Diese Studienarbeit war innerhalb des Seminars *"Human-Resource-Management im Rahmen von Reorganisationsprozessen"* unter der Leitung von Prof. Dr. B. Meyer-Eilers im 7. Semester des WS 1999/2000 zu erstellen. Es handelte sich hierbei um eines von sechs Themen, das dem Schwerpunktthema *"Organisationales Lernen und Reorganisation"* untergeordnet war, eines von acht Oberthemen des Seminars.

Das "Erwartungsmodell" (vgl. Darstellung 1) versucht die organisationalen Lernebenen[6] den einzelnen hierarchischen Organisationsstufen zuzuordnen[7]. Diese Stufen setzen sich in Anlehnung an einer Unternehmenshierarchie nach dem Marketingkonzept[8] aus den Kunden, dem Kundenkontaktpersonal, dem mittleren Management und dem Topmanagement zusammen, wobei der Kunde als allgegenwärtig zu sehen ist. In diesem System gibt der Kunde eine Fehlermeldung an das Kundenkontaktpersonal. Dieses versucht den Fehler, durch Anpassung von Handlungen (single-loop learning) zu korrigieren. Ist dies nicht möglich wird die Meldung an das mittlere Management weitergegeben. Dieses versucht dann den Fehler zu korrigieren, durch eine vorab Analyse und ein Überdenken und Verändern der Ziele und Normen der Organisation und gibt diese Information als neues Kriterium für single-loop learning zurück. Treten Fehler auf, die auf diese Art nicht korrigierbar sind, werden sie an das Topmanagement weitergegeben. Das Topmanagement überprüft welche Komponenten fehlen, um single-loop und double-loop learning zur Lösung des Fehlers anzuwenden und gibt diese zurück an die Hierarchiestufen, mit der Kompetenz diese Fehler nach den neu gegebenen Kriterien in Zukunft selbständig im Rahmen von single- und double-loop learning zu verarbeiten.

---

[6] Das Konzept des organisationalen Lernens und dessen Lernebenen werden erläutert in Abschnitt D.3.1.
[7] In Anlehnung an Argyris, 1992, S. 35
[8] vgl. Kotler et al., 1999a, S. 31

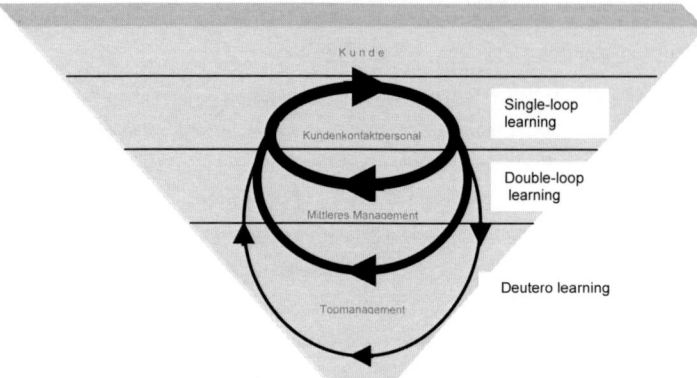

Darstellung 1: Erwartungsmodell[9]

Bei Betrachtung dieses Modells stellen sich Fragen nach den Möglichkeiten des Kundenkontaktpersonals, um mit den Kunden in Kontakt zu treten und umgekehrt, nach den Prozessen innerhalb der Organisation, welche die Informationen des Kundenkontaktpersonals verarbeiten und welche Kriterien der Organisation bzw. welche Formen der Organisation den Ablauf dieser Prozesse unterstützen.

Da aber jede der angedeuteten Fragen Stoff für eine eigenständige Arbeit bieten würde, wird sich die vorliegende Arbeit erst der Identifikation der zu berücksichtigenden Elemente im ganzheitlichen Ansatz von CRM (Abschnitte B. - E.) widmen. Der Schwerpunkt liegt hierbei auf den Abschnitten C. (kundenbezogen), D. (prozessbezogen) und E. (organisationsbezogen). Danach werden die Beziehungen der ermittelten Elemente untereinander untersucht, um aus diesen Untersuchungen ein Modell zum ganzheitlichen Ansatz von CRM in Konsumgütermärkten zu entwickeln (Abschnitt F.). Die Arbeit wird abgeschlossen mit Ansätzen zur Begründung und Ermittlung der Wirtschaftlichkeit eines ganzheitlichen Ansatzes von CRM (Abschnitt G.), um die Verwirklichung eines solchen Modells wenigstens ansatzweise zu begründen.

Bevor jedoch die zu berücksichtigenden Elemente des CRM im ganzheitlichen Ansatz identifiziert werden, scheint es sinnvoll vorab den Begriff der Kundenbindung, wie er im Rahmen dieser Arbeit verstanden wird, zu klären sowie aufzuzeigen welche Ziele mit diesem Konzept verfolgt werden (Vgl. Punkt 3. dieses Abschnitts).

Allerdings nicht ohne vorher im nachfolgenden Punkt die Rahmenbedingungen zu definieren, in welchen sich diese Arbeit generell bewegen soll.

---

[9] In Anlehnung an Argyris, 1992, S. 35 und Kotler et al., 1999a, S. 31

2.2. Abgrenzung

Die Ausführungen in dieser Arbeit sollen unter folgenden Einschränkungen betrachtet werden, um den Grad der Komplexität in einem nachvollziehbarem Rahmen zu halten.
Die zu betrachtenden Marktteilnehmer werden sich in diesem ganzheitlichen Ansatz auf den Hersteller, den Handel sowie dem Endverbraucher für den auch Synonym die Begriffe Kunde und Konsument verwendet werden, beschränken.

Der Stellenwert des Handels soll im folgenden mit dem des Kundenkontaktpersonals[10] gleichgesetzt werden. Der Handel wird demnach nur im funktionalen Sinne betrachtet, wonach das Herbeiführen eines Güteraustausches im Mittelpunkt steht[11] bzw. untersucht wird, welche Anforderungen der Kunde stellt und welche Leistungen der Handel demnach nach Art und Umfang erbringen müsste[12], wobei sich das Interesse dieser Arbeit in erster Linie auf die Art beschränken wird.

Der Zielkonflikt zwischen Hersteller und Handel, der dadurch geprägt ist, dass der Hersteller die Profilierung seiner Produkte und Marken zuerst im Blick hat, der Handel hingegen seine Einkaufs- oder Geschäftsstätte profilieren möchte sowie keine konkrete Einigung über die Aufteilung der durch den Verkauf der Waren an den Endverbraucher erzielten Erlöse herrscht[13], soll insoweit berücksichtigt werden, in dem in Abschnitt B Punkt 1 Instrumente angeführt werden, welche den Handel an den Hersteller zu binden suchen bzw. die Voraussetzung zur Schlichtung erwähnter Konflikte darstellen könnten. Auch wenn der Handel in dieser Arbeit als Kundenkontaktpersonal betrachtet wird, ist eine Ergänzung der genannten Instrumente zur Schlichtung der Zielkonflikte in soweit notwendig, dass auch wenn es sich um einen theoretischen Ansatz handelt, dennoch ein geringer Bezug zur Realität bzw. Praxis bestehen bleiben sollte.

In Bezug auf den Kunden sollen die Typen des Kaufentscheidungsprozesses anhand der Käuferkategorien, Produktkategorien und der Intensität des Denkens in der Kaufentscheidung konkretisiert werden[14].
Wie bereits unter Marktteilnehmer festgelegt, handelt es sich bei der Käuferkategorie um Konsumenten (private Käufer).

---

[10] vgl. die Ausführungen unter Punkt 2. dieses Abschnitts
[11] vgl. Meffert, 1998, S. 1090
[12] vgl. Berekoven, 1995, S. 16
[13] vgl. Meffert, 1998, S. 1095
[14] vgl. Bänsch, 1998, S. 7 ff

Die Produktkategorie beschränkt sich auf eingeführte Produkte, wobei eine Differenzierung, ob es sich um Güter des täglichen Bedarfs oder um längerlebige Haushaltsgüter handelt, im Rahmen dieser Untersuchung nicht entscheidend sein wird.

Die Intensität des Denkens in der Kaufentscheidung wird an dem Involvement des Konsumenten festgemacht. Hier wird unterschieden in den Dimensionen High (h) und Low (l) sowie Vorkauf- (V) und Nachkaufinvolvement (N). Daraus ergeben sich die Ausprägungen Prozess-Kauf (V:h;N:h), Appeal-Kauf (V:l;N:h), Problem-Druck-Kauf (V:h;N:l) und Low Interest Kauf (V:l;N:l)[15]. Tendenziell soll der Prozess-Kauf dem Konsumentenverhalten zu Grunde gelegt werden, gestützt von einer Konsumfunktion, die auf den Konsumenten selbst gerichtet ist (autotelic actions) in welcher der Konsument im Rahmen der Handlungsstruktur (structure of action) den Konsumgegenstand direkt nutzt (object actions). Also der Konsum für den Konsumenten eine Erlebnisfunktion hat, die seine eigenen Emotionen stimulieren soll[16]. Dieser Konsum kann sich sowohl auf das Produkt als auch auf andere Leistungen beziehen, die der Hersteller im Rahmen seiner Bemühungen um den Konsumenten anbietet. Ein High-Involvement des Konsumenten wird zugrunde gelegt, da angenommen wird, dass dieser in Verbindung mit der Erlebnisfunktion ein Interesse daran hat, dass jedes Produkt seinen Bedürfnissen und Vorlieben optimal entgegenkommen soll. Gestützt wird diese Annahme durch eine weniger Zeit- und Kostenintensive Informationsbeschaffung.

Als Produktkategorie sollen eingeführte Produkte festgelegt sein und damit soll ein Wiederkaufsverhalten des Kunden als zu haltende Determinante zugrunde gelegt werden, das von dem permanenten Einsatz des ganzen Marketing-Mix in diesem Fall Kundenbindungs-Mix abhängt, insbesondere auf die wahrgenommene Leistung gegenüber dem Wettbewerb[17].

Nachdem die Marktteilnehmer in ihrer Berücksichtigung definiert sind, fehlt noch die Definition des Marktes. Es wird von einem Konsumgütermarkt ausgegangen, der definiert ist als alle Individuen und Haushalte, die Güter und Dienstleistungen für den privaten Konsum kaufen oder erwerben[18].

Abschließend wird darauf hingewiesen, dass grundsätzlich eine Betrachtungsweise der Thematik aus Sicht des Herstellers gilt, die in Darstellung 2 zur Verdeutlichung visuell skizziert ist. Wobei der grau hinterlegte Teil in dieser Arbeit nicht berücksichtigt wird und die con-

---

[15] vgl. Trommsdorff, 1998, S. 309
[16] vgl. Trommsdorff, 1998, S. 123
[17] vgl. Trommsdorff, 1998, S. 313
[18] vgl. Kotler et al., 1999b, S. 229

sumer segments 1 und 2 als ein gemeinsames Segment betrachtet werden, das sowohl vom Handel als auch vom Hersteller bearbeitet wird.

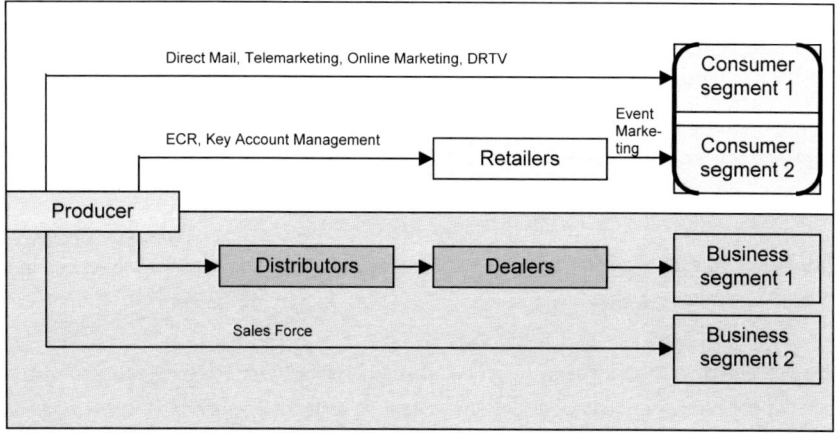

Darstellung 2: Hybrid marketing channel[19]

3. Definition und Ziele von CRM

3.1. Definition

Ein ganzheitlicher Ansatz von Kundenbindung für die im weiteren Verlauf der Arbeit Synonym auch die Begriffe Relationship Marketing und Customer Relationship Management (CRM) bzw. Kundenbindung verwendet werden, benötigt eine eigene Definition von CRM, angelehnt an den bisherigen in der Literatur genannten Definitionen und den bisherigen Diskussionen und Definitionen zum One-to-one-Marketing, die wie folgt berücksichtigt wurden:

"1. Markets are conversations.[20]"

"Informationstechniken erlauben durch ihre Interaktivität, Kundeninformationen zu sammeln und auszuwerten und damit individuelle Leistungen für Kunden zu erstellen, d.h. unterschiedliche Kunden unterschiedlich zu behandeln (One-to-One-Marketing, Micromarketing, Individual Marketing) (..).[21]"

---

[19] vgl. Kotler et al., 1999b, S. 906
[20] Levine et al., 1999, S. 2
[21] Muther, 1999, S. 52 f

"Basically, one to one marketing means you (as a marketer) understand the needs and preferences of EVERY customer and you are able to customize your products or services to meet every customer's special needs and preferences one to one.[22]"

"Relationship Marketing is the ongoing process of identifying and *creating new value* with individual customers and then *sharing the benefits* from this over a lifetime of association. It involves the understanding, focusing and management of ongoing collaboration between suppliers and selected customers for mutual value creation and sharing through interdependence and organizational alignment.[23]"

"[Kundenbindung beinhaltet] Sämtliche Maßnahmen, die zu kontinuierlichen oder vermehrten Wieder- und Folgekäufen führen bzw. verhindern, dass Kunden abwandern.[24]"

Gestützt durch vorangegangene Äußerungen zum One-to-One-Marketing und der Kundenbindung soll Customer Relationship Management im folgenden verstanden werden, als die Interaktion zwischen individuellen Kunden und dem Hersteller als laufender Prozeß zur Identifikation von Vorlieben und Bedürfnissen größtmöglicher Kundengruppen zur Schaffung neuer Werte, die zu kontinuierlichen oder vermehrten Wieder- und Folgekäufen führen und verhindern das Kunden abwandern.

Die größtmögliche Kundengruppe kann auch ein individueller Kunde sein. Die Größe der Kundengruppe ist abhängig von dem gegenseitigen Nutzen für Hersteller und Kunde. So bietet der Bekleidungsproduzent Levi Strauss z.B. in ausgewählten Geschäften maßgeschneiderte Damenjeans an. Hierfür werden die Maße der Kundin direkt zu einem Laser-Schnittroboter in der nächstgelegenen Fabrik über ein Computernetz geschickt. Die Kundin kann die maßgeschneiderte Jeans nach ca. zwei Wochen in dem entsprechendem Geschäft abholen[25].

Da hier eine entsprechend günstige Technologie zur Verfügung steht, die individuell an den Kunden anzupassen ist und die Wartezeit dem Tatbestand der Exklusivität weit unterliegt, ist der Nutzen für Produzent und Kunde gleichermaßen hoch.

Werden aber Überlegungen z.B. auf einen Joghurt in diese Richtung angewendet, so wird eine individuelle Geschmacksrichtung wie Pfefferminz erst einen zu rechtfertigenden gegenseitigen Nutzen erreichen, bei einer entsprechend großen Kundengruppe, die zudem in der

---

[22] Lee, Is one to one marketing an optimal solution for a web business: discussion2
[23] Gordon, 1998, S. 9
[24] Tomczak et al., 1998, S. 11
[25] vgl. Muther, 1999, S. 54 f

gleichen Region konzentriert sein müsste. Aber diese Gruppe wäre über eine erfolgreiche Interaktion zu identifizieren.

Die Schaffung neuer Werte bezieht sich hierbei nicht nur auf das Produkt oder den Preis, sondern auf alle Leistungen, die um ein Produkt oder ein Unternehmen herum als ein zusätzlicher Wert vom Kunden empfunden wird, der ihn von der Kompetenz einer Unternehmung seinen spezifischen Bedürfnisse entgegenzukommen, überzeugt.

3.2. Zielsetzung

Mit der Kundenbindung wird eine Steigerung der Gewinne verfolgt, die auf der Überlegung beruht, dass wenn es einem Hersteller gelingt seine Kunden zu binden, sich Marktanteile und Umsätze bei gleicher Kostenreduktion erhöhen, die wiederum realisiert werden durch Wiederkäufe des Endverbrauchers[26].

Zur Bindung des Kunden werden drei mögliche Ansatzpunkte unterschieden und zwar die *ökonomische*, die *rechtliche* und die *psychologische* Bindung[27].

Die *ökonomische* Bindung besteht, wenn aufgrund objektiv und subjektiv zu hoch empfundener Wechselkosten ein Wechsel nicht in Betracht kommt[28]. Wechselkosten werden als diejenigen Kosten zusammengefasst, die bei einem Produkt- bzw. Anbieterwechsel anfallen würden[29]. Beispielsweise kann daher der günstige Standort eines Anbieters, den Kunden aus Bequemlichkeit veranlassen, sich an diesen zu binden[30].

Die *rechtliche* Bindung hindert einen Kunden aus vertraglichen Gründen daran einen Wechsel in Betracht zu ziehen. Beispiele hierfür sind Buchclubs[31] aber auch die "Handy Verträge" gehören dazu, die das Produkt gebunden an eine Telefongesellschaft günstiger anbieten.

Die *psychologische* Bindung umfaßt eine emotionale Bindung, die darin begründet ist, dass ein Kunde eine positive Einstellung gegenüber einem Hersteller und/oder seinen Leistungen entwickelt[32].

Die ökonomische und die rechtliche Bindung der Kunden können in ihren Ausprägungen auch als eine unfreiwillige Bindung des Kunden verstanden werden, die sich langfristig nega-

---

[26] vgl. Föhrenbach, 1995, S. 7
[27] vgl. Tomczak et al., 1998, S. 143
[28] vgl. Müller-Hagedorn, 1999, S. 27
[29] vgl. Bergmann, 1998, S. 30
[30] vgl. Müller-Hagedorn, 1999, S. 27
[31] vgl. Müller-Hagedorn, 1999, S. 27
[32] vgl. Müller-Hagedorn, 1999, S. 27 und S. 29

tiv auf die Beziehung auswirken könnte. Beispielsweise findet der Inhaber eines "Handy Vertrags" ein für ihn besseres Angebot, kann jedoch nicht Wechseln, da er vertraglich für einen gewissen Zeitraum gebunden ist. Ähnliches kann passieren bei der ökonomischen Bindung, beispielsweise gibt es nur einen Frisör am Ort, der ist aber nicht zufriedenstellend in seiner Leistung. Da aber ein anderer Frisör zu weit entfernt wäre, bleibt der Kunde, obwohl er gerne wechseln würde, bei diesem Frisör.

Die psychologische bzw. emotionale Bindung des Kunden hingegen ruft Loyalität gegenüber dem Hersteller und/oder seinen Produkten hervor, in welcher der wiederholte Kaufakt das Ergebnis eines psychologisch-evaluativen Entscheidungsprozess ist, bei dem der Endverbraucher die verschiedenen Alternativen unter Berücksichtigung der für ihn entscheidungsrelevanten Kriterien miteinander verglichen hat und sich für den Wiederkauf entscheidet, da ihm diese Leistung den größten Nutzen stiftet. Diese freiwillige Entscheidung zum Wiederkauf, bildet die Grundlage, um die psychologische Bindung als freiwillige Kundenbindung zu bezeichnen[33].

Die Bemühungen des Herstellers und Handels sollten sich demnach auf eine freiwillige Bindung des Kunden konzentrieren, durch eine Steigerung seiner Loyalität gegenüber dem Hersteller. Sie sollte in ihrer Auffassung allerdings auf Gegenseitigkeit beruhen, wonach der Hersteller sich in seiner Leistung auch loyal gegenüber seinem Kunden verpflichtet fühlen sollte. Demnach kann die Loyalität auch als ein strategisches Ziel der Kundenbindung betrachtet werden, dessen Operationalisierung über die Kundenzufriedenheit realisiert wird. Sie drückt sich aus in einer positiven oder negativen emotionalen Reaktion des Kunden auf eine unternehmerische Leistung[34].

Zusammengefasst lassen sich die Zielebenen in ihren Ausprägungen vereinfacht als folgendes Zielsystem festhalten:

- Normatives Ziel   ===> freiwillige Kundenbindung
- Strategisches Ziel ===> erzeugen von Loyalität
- Operatives Ziel   ===> Kundenzufriedenheit

==> Steigerung des unternehmerischen Gewinns[35]

---

[33] vgl. Bergmann, 1998, S. 22
[34] vgl. Scharnbacher et al., 1996, S. 5
[35] Über die Zusammenhänge vgl. Abschnitt G dieser Arbeit

Diese Ziele sollen als die wichtigsten im Rahmen dieser Diplomarbeit betrachtet werden und mit als Voraussetzung zur Entwicklung eines ganzheitlichen Ansatzes von CRM in Konsumgütermärkten verstanden werden.

B. Instrumente des Marketing und Organisationsentscheidungen zur Bindung des Handels sowie das Kaufverhalten der Endverbraucher als zu berücksichtigende Grundelemente im ganzheitlichen Ansatz von CRM

1. Instrumente des Marketing und Organisationsentscheidungen zur Bindung des Handels

Wie bereits unter Punkt 2.2. des Abschnitts A dieser Arbeit angekündigt, werden im folgenden Instrumente vorgestellt, mit denen der Hersteller versucht, dem Zielkonflikt der zwischen ihm und dem Handel herrscht, entgegenzuwirken, um eine Bindung bzw. Kooperation des Handels zu erreichen.

Basis hierfür ist das erreichen einer "harmonischen" Beziehung (Harmonious Relationship) zwischen Hersteller und Handel, die gestützt ist auf ein Zusammenlaufen der Ziele (dem "Was wollen wir erreichen?" Aspekt) und der Prozesse (dem "Wie wollen wir es erreichen?" Aspekt) des Herstellers und des Handels[36].

Auf dem Fundament der harmonischen Beziehung sollen aus Sicht des Herstellers dem Handel Anreize geschaffen werden im Bezug auf dessen Filterfunktion, so dass dieser die Produkte des Herstellers im Sortiment aufnimmt (Distributionsfilter), dort entsprechend des Produktimages hervorhebt (Imagefilter), genügend Regalfläche gut platziert zur Verfügung stellt (Plazierungsfilter) und mit Beratungs- und Serviceleistungen das Produkt begleitet (Service- und Beratungsfilter)[37]. Hierfür versucht der Hersteller spezielle Formen der Zusammenarbeit zwischen ihm und dem Handel zu integrieren, bei welchen der Handel Passiv oder Aktiv einbezogen wird.

1.1. Trade Marketing

Das Trade Marketing beschreibt die Marketingmaßnahmen des Hersteller, die auf den Handel bzw. auf die Absatzmittler gerichtet sind[38]. Die Intensität der Marketingmaßnahmen sind abhängig von der vorher festgelegten Basisstrategie im Umgang mit dem Handel, die wiederum abhängig ist von der Nachfragemacht des Handels, die aus seiner zu beobachtenden sich fortschreitenden Konzentration resultiert[39]. Die Basisstrategien orientieren sich anhand

---

[36] vgl. Stern et al., 1996, S. 25
[37] vgl. Meffert, 1998, S. 281 f
[38] vgl. Gegenmantel, 1996, S. 8
[39] vgl. Meffert, 1998, S. 280

der Gestaltung des Marketings des Herstellers in Bezug (Passiv (P)/Aktiv (A)) auf die Gestaltung der Absatzwege (GAW) und der Reaktion auf die Marketingaktivitäten des Handels (RMH). Erkennt der Hersteller die Nachfragemacht des Handels an, ergeben sich für ihn daraus die Verhaltensalternativen Machtduldung (GAW:P; RMH;P) und Machtumgehung (GAW: A; RMH; A). Erkennt er die Machtposition nicht an, kann er sich für einen offensiven Machtkampf (GAW: A; RMH; P) oder einen defensiven Machterwerb (GAW: P; RMH; A) entscheiden[40].

Die Intensität der Marketingmaßnahmen ist bei der Strategie der Machtduldung am höchsten, da hier der Hersteller vom Handel auch zu Maßnahmen "gezwungen" werden kann, wie z.B. zur Regalplatzpflege ohne vom Handel für die zusätzlich entstehenden Kosten vergütet zu werden. Die Intensität ist bei der Strategie der Machtumgehung am geringsten, da hier der Hersteller versucht eigene Absatzkanäle zu entwickeln. Dazwischen stehen die Strategien des Machterwerbs und des Machtkampfes[41].

Nachteil des Trade Marketing ist, dass der Handel eine Passive Rolle einnimmt und es zu keiner wirklichen Interaktion zwischen beiden Parteien kommt, sondern der Hersteller nur seine Ziele mittels dieses Instruments durchsetzen möchte und nur im geringen Maße wenn überhaupt auf die Ziele des Handels eingeht. In diesem Licht betrachtet kann dem Trade Marketing nur eine fördernde Rolle in Bezug auf eine "harmonische" Beziehung zwischen Handel und Hersteller zu kommen.

1.2. Category Management

Im Rahmen des Category Management (CM) werden Warengruppen als strategische Geschäftseinheiten betrachtet, für welche der Handel und der Hersteller gemeinsame Strategien entwickeln, um durch eine Ausrichtung an den Bedürfnissen der Konsumenten eine Verbesserung der Leistung der Warengruppe zu erzielen[42].

Hierfür versteht der Händler der CM einsetzt seinen Laden als ein Portfolio an strategischen Geschäftseinheiten, mit dem Ziel jede Geschäftseinheit als ein Teil des gesamten Ladengeschäfts zu optimieren. Für den Hersteller ist CM ein Prozess, Schlüsselkunden (Key Accounts) bei der Formulierung von Warengruppen Zielen und Strategien zu unterstützen, die dann in Einklang gebracht werden mit den Hersteller eigenen Marketing Aktivitäten und Programmen, so dass sich der Gewinn der gesamten Warengruppe für beide erhöht[43].

Im ersten Schritt von CM wird die Warengruppe, die gemeinsam bearbeitet werden soll, vom Handel und Hersteller, in der Weise wie sie vom Kunden wahrgenommen wird, definiert. Beispiel für die Konsumentenwahrnehmung sind die YES Törtchen von Nestlé, die zu Beginn

---

[40] vgl. Meffert, 1998, S. 282 f
[41] vgl. Meffert, 1998, S. 283 ff
[42] vgl. von der Heydt, 1998, S. 105
[43] vgl. Stern et al., 1996, S. 242

unter Süßigkeiten zu finden waren, aber von den Kunden als Tortenprodukt wahrgenommen wurden. Im zweiten Schritt wird die Warengruppe analysiert, um zu ermitteln welche Rolle sie bei den beteiligten Unternehmen spielt und ob sich diese vom Markttrend unterscheidet. Außerdem wird das Potential der Warengruppe anhand einer Stärken- und Schwächenanalyse bestimmt. Der dritte Schritt befasst sich mit der Kunden- und Marktanalyse. Hier wird neben der Ermittlung des Kundenpotentials auch geprüft, ob das Kundenprofil des Handels auch mit dem Käuferprofil der betrachteten Warengruppe übereinstimmt. Die darauffolgenden Schritte vier bis acht beschäftigen sich dann mit der Zielbestimmung, der Strategiebestimmung, der Budgetermittlung, der Maßnahmenplanung/Ausführung und einem Soll/Ist Vergleich in der Ergebnisbewertung[44].

Ziel der Hersteller, die mit einem Händler zusammenarbeiten der CM praktiziert, ist es der führende Lieferant für eine oder mehrere Warengruppen zu werden. Der Hersteller wird dann als sogenannter "Category Captain" die entsprechende Warengruppe betreuen und ist somit verantwortlich für dessen Erfolg[45].

Um ein erfolgreiches Category Management durchführen zu können, müssen alle Partner Hersteller wie Handel miteinander kooperieren. Hierfür ist ein reger Austausch von Wissen notwendig, um das gewünschte Ziel einen höchstmöglichen Gewinn je Warengruppe zu erreichen. Demnach findet hier eine echte Interaktion zwischen Handel und Hersteller statt, die durch Erfolge in der Zusammenarbeit auch weiterhin gepflegt wird. Dadurch wird CM, wenn optimal ausgeführt, zu einem wichtigen Instrument in der Bindung des Handels an den Hersteller aber auch umgekehrt und ist demnach ein gutes Instrument zur Implementierung einer "harmonischen" Beziehung (Harmonious Relationship).

1.3. Efficient Consumer Response (ECR)

ECR ist eine gesamtunternehmensbezogene Vision, Strategie und Bündelung ausgefeilter Techniken, die im Rahmen einer partnerschaftlichen und auf Vertrauen basierenden Kooperation zwischen Hersteller und Handel darauf abzielen, Ineffizienzen entlang der Wertschöpfungskette unter Berücksichtigung der Konsumentenbedürfnisse und deren maximalen Zufriedenheit zu beseitigen, um allen Beteiligten jeweils einen Nutzen zu stiften, der im Alleingang nicht erreichbar wäre[46].

Ziel der ECR-Strategien und Techniken ist demnach eine Optimierung der gesamten Lieferkette zwischen Hersteller und Handel. Die dafür notwendige enge Kooperation zwischen beiden soll zu einer den Abverkäufen angepassten und kontinuierlichen Warenversorgung des Handels führen, die dann weitgehend ohne Sonderpreisaktionen auskommen soll. Die

---

[44] vgl. von der Heydt, 1998, S. 111 f
[45] vgl. Stern et al., 1996, S. 242
[46] vgl. von der Heydt, 1998, S. 55

Voraussetzungen für eine erfolgreiche Umsetzung von ECR und damit einer schnellen Reaktion des Handels auf die Kundenwünsche ist eine elektronische Vernetzung mit den Lieferanten (Electronic Data Interchange (EDI)) sowie die Einrichtung von Warenwirtschaftssystemen mit Scanner-Kassen[47].

Die Kooperation zwischen dem Hersteller und dem Handel ist gekennzeichnet durch den Austausch von sensiblen internen und/oder externen Informationen und Daten sowie durch gemeinsame Vorgehensweisen und Abläufe im Bereich der Entscheidungsfindung mit dem Ziel, die entstehenden Vorteile gemeinsam zu nutzen[48].

Dadurch wird das Harmonious Relationship, welches eine Abstimmung der Ziele und Prozesse von beiden Partnern verlangt[49], zum Fundament von ECR.

Die verschiedenen Strategien und Techniken von ECR sind in nachfolgender Darstellung 3 zusammengefasst.

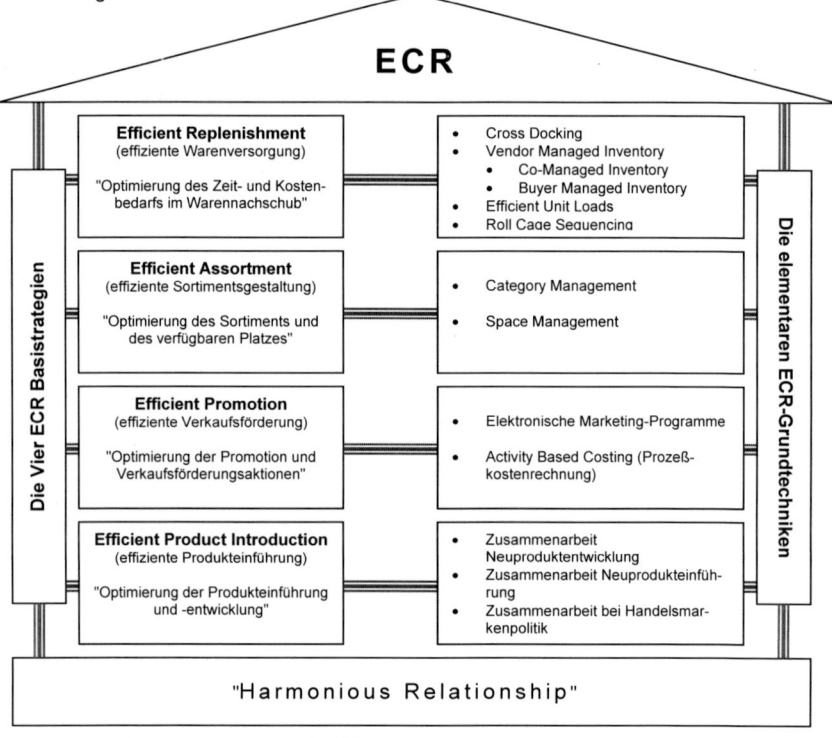

Darstellung 3: Basisstrategien des ECR[50]

---

[47] vgl. Meffert, 1998, S. 1103
[48] vgl. von der Heydt, 1998, S. 55
[49] vgl. Stern et al., 1996, S. 25
[50] vgl. von der Heydt, 1998, S. 73 ff; Stern et al., 1996, S. 25

Für den Handel liegt der Nutzen in ECR bei steigenden Verkäufen je Ladengeschäft, höherer Produktivität der Verkaufsfläche und weniger benötigter Lagerfläche für das einzelne Ladengeschäft. Der Hersteller profitiert von ECR durch geringere Herstell- und Distributionskosten, einer effektiveren Verwendung von Geldmitteln für Promotion Zwecke sowie von dem Wissen, wo sich Produkte zu jeder Zeit im Kanal befinden[51].

Basierend auf den vorangegangenen Ausführungen stellt ECR die Voraussetzung für einen ganzheitlichen Ansatz von CRM da. In dieser Annahme wird der Handel zu einem echten Kundenkontaktpersonal[52], welches die Interaktion zwischen individuellen Kunden suchen kann, um dessen Vorlieben und Bedürfnisse zu ermitteln[53].

Denkbar wäre in diesem Zusammenhang, dass aufgrund der vorliegenden Daten ein Hersteller seinem Kunden beispielsweise mitteilt, in welchem nahegelegenen Ladengeschäft der Kunde die Produkte des Herstellers findet oder umgekehrt, wenn das Produkt trotz effizienter Warenversorgung wegen z.B. technischer Mängel nicht vorrätig ist, kann der Händler umgehend ein Ladengeschäft in der Nähe ermitteln, wo das Produkt zu erwerben ist. Dies setzt allerdings voraus, dass dieses Wissen dem Kundenkontaktpersonal zugänglich ist, was nur möglich ist mittels eines entsprechenden Wissensmanagement[54] und des dazugehörigen Computernetzes. Auch müssten Anfragen von bzw. Erkenntnisse über Kunden in diesem Netz abgelegt werden können, die dem Hersteller und Handel gleichermaßen zur Auswertung zugänglich sind.

1.4. Key Account Management

Im Rahmen des Key Account Management wird die Kundenorientierung des Marketing dadurch institutionalisiert, dass ein Key Account Manager eingesetzt wird, der die individuelle Betreuung einzelner besonders wichtiger Abnehmer durchführt. Diese abnehmerorientierte Marketingorganisation ermöglicht eine Ausrichtung der Marketinginstrumente auf die spezifischen Abnehmerwünsche des Handels und beruht auf eine detaillierte Gliederung aller Abnehmer in spezifische in sich homogene Großkunden, die aus Sicht des Herstellers einer speziellen Marktbearbeitung bedürfen. Der Key Account Manager nimmt für die Entwicklung spezifischer Marketingprogramme für seine Kunden koordinierenden Einfluß auf andere Organisationsmitglieder[55].

Das Key Account Management (KAM), ursprünglich aus dem Investitionsgüter- und Dienstleistungsbereich kommend, befasst sich bei Konsumgüterhersteller mit einer Folge ähnlicher,

---

[51] vgl. Stern et al., 1996, S. 176
[52] vgl. Abschnitt A. Punkt 2. dieser Arbeit,
[53] vgl. die Definition zu CRM unter Abschnitt A. Punkt 3.1. dieser Arbeit
[54] vgl. hierzu die Ausführungen unter Abschnitt D. Punkt 4.1. dieser Arbeit
[55] vgl. Meffert, 1998, S. 991

sich ständig wiederholender Aktivitäten, wodurch es in den Bereich des Relationship Marketing einzuordnen ist[56].

Die Verantwortlichkeit des Key Account Managers liegt also darin, die Beziehungen des Herstellers mit den bedeutendsten Kunden oder potentiellen Kunden zu orchestrieren, um einen andauernden gegenseitigen Nutzenaustausch zwischen den beiden Parteien zu erreichen[57]. Strategisches Ziel des KAM ist es durch eine engere Zusammenarbeit eine effizientere Abwicklung der Transaktionen zu ermöglichen sowie zwischen Hersteller und Handel eine breitere und stabilere Bindung auf Basis einer intensiveren Zusammenarbeit zu schaffen. Operative Ziele wirken der Filterfunktion des Handels entgegen, demnach werden weniger Probleme bei der Aufnahme von (Neu-) Produkte in das Sortiment des Handels, Vermeidung von Auslistungen, Durchsetzung von Plazierungswünschen und Einhaltung der vom Hersteller gewünschten Ladenpreise durch den Handel angestrebt[58].

In der traditionellen Form steht dem Key Account Manager der Einkäufer auf der anderen Seite als Ansprechpartner zur Verfügung, dadurch ist das KAM nichts anderes als ein organisatorisches Instrument des Trade Marketing, in welchem der Handel und der Hersteller weiterhin separat den Kunden bearbeitet. Im Sinne einer Bindung des Handels durch ECR oder CM und einer gemeinsamen Bearbeitung des Kunden, wird das KAM aber zur potentiellen Grundlage, indem auf beiden Seiten statt einzelner Personen Multifunktionale Teams die per Computer miteinander vernetzt sind, eingesetzt werden[59] und somit einen Ansatz zur organisatorischen Umsetzung von ECR oder CM darstellen (Vgl. Darstellung 4).

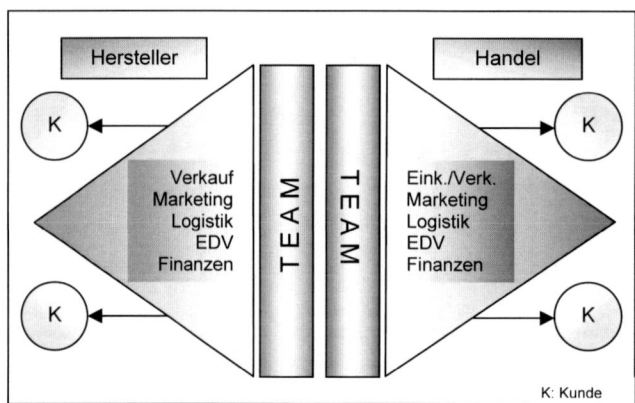

Darstellung 4: Multifunktionale Teams[60]

---

[56] vgl. Gegenmantel, 1996, S. 9
[57] vgl. Kotler et al., 1999b, S. 1003
[58] vgl. Gegenmantel, 1996, S. 13 ff
[59] vgl. von der Heydt, 1998, S. 81
[60] von der Heydt, 1998, S. 81

2. Ansätze zum Kaufverhalten der Endverbraucher in Konsumgütermärkten

Die Phasen des Kaufentscheidungsprozesses des Endverbrauchers dienen dem Hersteller und Handel als Orientierung im Rahmen seiner Bemühungen um dessen Bindung, welches bei bewusstem Einsatz dem Kunden ein unbewusstes Gefühl des Verständnisses durch den Hersteller vermitteln könnte, da der Hersteller dem Kunden genau die Unterstützung zuteil kommen lässt, die der Konsument in der jeweiligen Phase seines Entscheidungsprozesses benötigt. Daher werden die in Abschnitt C. identifizierten Instrumente zur Bindung von Endverbrauchern entlang seines Kaufentscheidungsprozesses aufgeführt bzw. untersucht und im nachfolgendem Punkt kurz in Erinnerung gerufen.

Grundlage für das Verhalten des Herstellers in seinen Aktivitäten bezogen auf den Kunden sollte das erwartete Verhalten bzw. die erwartete Reaktion des Kunden auf die Marketingmaßnahmen sein. Demnach gehört das zu erwartende Verhalten des Konsumenten zum Grundverständnis in einem ganzheitlichen Ansatz von CRM und soll unter Punkt 2.2. kurz erläutert werden.

2.1. Die fünf Phasen des Kaufentscheidungsprozesses[61]

Darstellung 5 zeigt die fünf Phasen des Kaufentscheidungsprozesses für eingeführte Produkte auf einen Blick, die im nachfolgenden kurz erklärt werden.

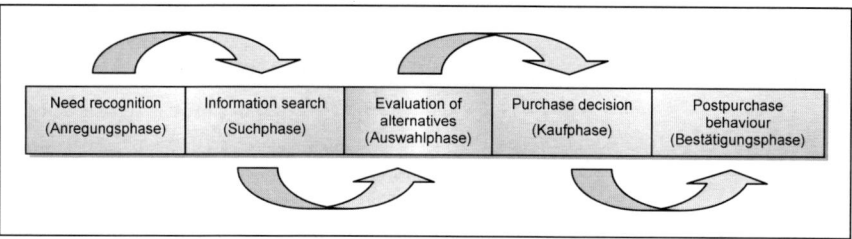

Darstellung 5: Kaufentscheidungsprozess[62]

Die **Anregungsphase (Need Recognition)** beschreibt die erste Stufe des Kaufentscheidungsprozesses, in welcher der Kunde ein Problem oder ein Bedürfnis (wieder-)erkennt. Ergebnis dieser Stufe ist die Entscheidung über eine Anschaffung.

---

[61] vgl. Kotler et al., 1999b, S. 254 ff; Meffert, 1992, S. 88
[62] vgl. Kotler et al., 1999b, S. 254; Meffert, 1992, S. 88

Die **Suchphase (Information Search)** beschreibt die Phase des Kaufentscheidungsprozesses, in welcher der Kunde aufgerüttelt wird nach mehr Informationen zu suchen; der Kunde mag hier entweder einfach seine Aufmerksamkeit erhöht haben oder sogar auf eine aktive Suche nach Informationen gehen. Ergebnis dieser Phase ist die Entscheidung über die Produktgruppe.

Die **Auswahlphase (Evaluation of Alternatives)** ist die Phase im Kaufentscheidungsprozess, in welcher der Kunde die Informationen benutzt, um alternative Sorten im Auswahlset zu bewerten. Ergebnis dieser Stufe ist die Entscheidung über die Produktart.

Die **Kaufphase (Purchase Decision)** beschreibt die Stufe im Kaufentscheidungsprozess, in welcher der Kunde das Produkt tatsächlich kauft. Ergebnis dieser Phase ist die Entscheidung über die Marke.

Die **Bestätigungsphase (Postpurchase Behaviour)** beschreibt die letzte Phase des Kaufentscheidungsprozesses, in welcher der Konsument nach dem Kauf unterstützende bzw. weiter Handlungen vornimmt basierend auf seiner Zufriedenheit oder Unzufriedenheit mit der Leistung. Ergebnis dieser Phase ist die Entscheidung über einen möglichen kontinuierlichen oder vermehrten Folge- und Wiederkauf.

2.2. Ein Totalansatz von Konsumentenverhalten

Im folgenden soll ein Modell entwickelt werden, dass im wesentlichen an dem Modell zum Konsumentenverhalten von Engel/Blackwell/Miniard angelehnt ist.
Vorweg soll jedoch die Kritik in Bezug auf den Totalansatz von Engel et al. dargelegt werden. Kritisiert wird, dass die Beziehungen nicht näher bestimmt sind, empirische Bestätigungen unter universellen Rahmenbedingungen fehlen, dass diese Modelle nur von einer High-Involvement-Situation ausgehen und das Konstrukt Emotionen nicht beinhaltet. Außerdem sind diese Modelle nicht widerspruchsfrei und nicht pragmatisch, d.h. sie informieren die Praxis nicht hinreichend über Möglichkeiten der Beeinflussung des Konsumentenverhaltens[63]. Da es im ganzheitlichen Ansatz von CRM die Zielsetzung ist, die Kundenzufriedenheit zu erhalten oder sogar zu erhöhen, wurde das Modell von Engel et al. um diese emotionale Komponente erweitert sowie um eine Andeutung der Einflussmöglichkeiten des Herstellers (Vgl. Darstellung 6). Da eine High Involvement Situation in diesem ganzheitlichen Ansatz angenommen wird, sind von dieser Seite keine Anpassungen nötig. Der vorliegende Totalansatz dient der Ergänzung zum ganzheitlichen Ansatz von CRM und braucht daher keine

---

[63] vgl. Trommsdorff, 1998, S. 27

Rücksicht nehmen zum Vorwurf der fehlenden Widerspruchsfreiheit und dem Vorwurf zum fehlenden Pragmatismus. Darüber hinaus erhebt das Modell zum ganzheitlichen Ansatz von CRM auch nicht den Ansprüchen von Widerspruchsfreiheit und Pragmatismus.

Im folgenden wird die emotionale Komponente Kundenzufriedenheit in der Form wie sie in das Modell eingeflossen ist, erläutert.

Kundenzufriedenheit bzw. -unzufriedenheit entsteht als Soll/Ist Vergleich zwischen den Erwartungen an ein Produkt und den Erfahrungen mit einem Produkt, aus dem dann eine Bestätigung bzw. Nicht-Bestätigung resultiert. Eine Bestätigung ist gegeben, wenn die Erfahrungen mit einem Produkt, die während bzw. nach dessen Inanspruchnahme entstehen, den Erwartungen an dieses Produkt entsprechen. Eine Nicht-Bestätigung liegt vor, wenn eine Übereinstimmung von Erwartungen und Erfahrungen nicht gegeben ist.

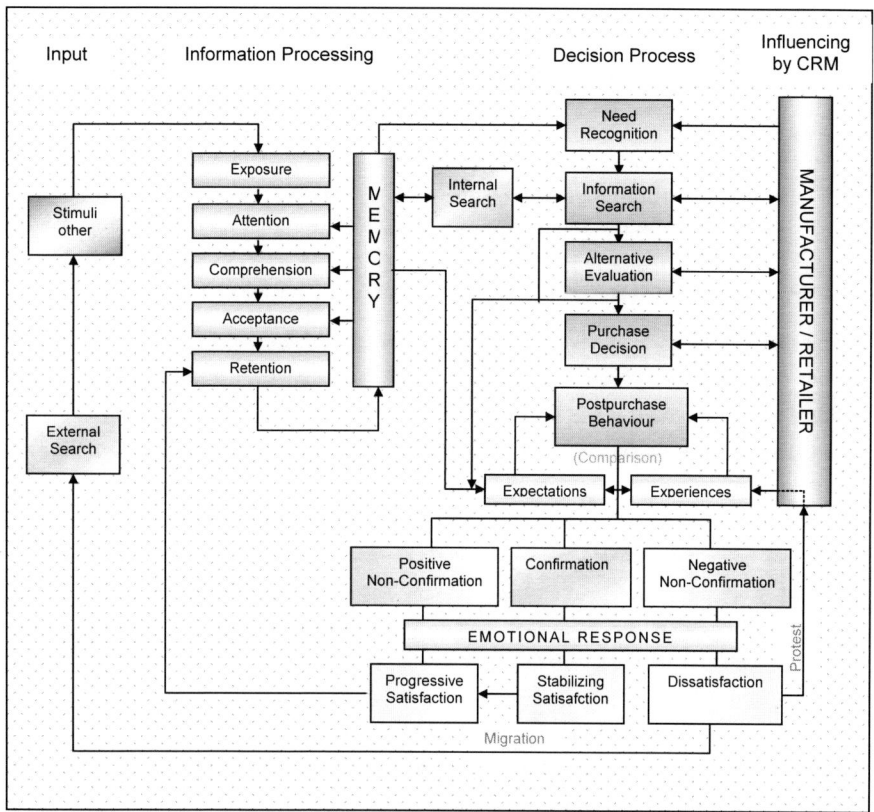

Darstellung 6: Ein Totalansatz von Konsumentenverhalten im ganzheitlichen Ansatz von CRM[64]

---

[64] vgl. Bänsch, 1998, S. 132; Scharnbacher et al., 1996, S. 11 f

Bei der Nicht-Bestätigung wird unterschieden zwischen der positiven und der negativen Nicht-Bestätigung. In der negativen Nicht-Bestätigung werden die Erwartungen nicht erfüllt, wohingegen in einer positiven Nicht-Bestätigung die Erfahrungen die Erwartungen übertreffen. Demnach ist Kundenzufriedenheit das Ergebnis eines psychischen Vergleichsprozesses zwischen der wahrgenommenen Produktrealität und den Erwartungen an das Produkt. Unter der Erwartung als Soll-Komponente wird die Gesamtheit der Vorstellungen eines Kunden über das Spektrum einer Unternehmensleistung verstanden. Erwartungen entstehen durch die persönlichen Bedürfnisse, dem Ausmaß der bisherigen Erfahrungen, die direkte Kommunikation über die Unternehmensleistung und über deren indirekten Kommunikation. Die Erfahrung als Ist-Komponente entsteht während oder nach dem Ge- oder Verbrauch eines Produktes und stellt die wahrgenommene Produktrealität dar. Die Produktrealität umfaßt nicht nur das zentrale Gut, sondern alle damit in Verbindung stehenden Leistungen[65], vom Preis über die Kommunikation und Distribution bis hin zum Produkt selbst und damit auch den gesamten Kundenbindungs-Mix.

C. Ausgewählte Instrumente des Herstellers und des Handels zur Bindung von Endverbraucher aufgeführt entlang dessen Kaufentscheidungsprozesses als zu berücksichtigende Elemente im ganzheitlichen Ansatz von CRM

1. Einführung

In diesem Abschnitt werden einige ausgewählte Instrumente vorgestellt, mit denen der Kunde in seiner jeweiligen Phase der Kaufentscheidung durch den Hersteller bzw. Handel unterstützt werden könnte.

Eine Unterstützung an die sich der Kunde aus dem Erstkauf erinnert oder die dem Kunden als neu geschaffener Wert vermittelt wurde, der seinen Wiederholungskauf angenehmer bzw. sorgloser gestalten soll, in dem er sich auf eine Unterstützung durch den Hersteller in Bezug auf seine optimale Bedürfnisbefriedigung verlassen kann.

Denkbar wäre auch eine Unterstützung in dem Wunsch nach einer generellen Änderung seines Konsumverhaltens. Zu denken wäre da z.B. an eine ausgewogenere Ernährung oder eine Diät. Der Lebensmittelhersteller, der hier eine Lösung entlang seiner Produkte anbietet und darüber hinaus, seinen Ernährungsplan, um Produkte anderer Hersteller erweitert sofern sie in seinem Sortiment fehlen, hier kämen z.B. Handelsmarken in Betracht, kann mit Sicherheit berechtigt auf eine lebenslange Bindung dieses Kunden hoffen sowie darauf dessen Angehörige und Freunde indirekt zu akquirieren.

---

[65] vgl. Scharnbacher et al., 1996, S. 7 ff

Bleibt noch anzumerken, dass auf eine Untersuchung aller zur Verfügung stehenden Instrumente des Kundenbindungs- bzw. Marketing-Mix entlang des Kaufentscheidungsprozesses der Konsumenten verzichtet werden muss, da diese ausreichend Inhalt für eine eigenständige Diplomarbeit wäre und damit den Rahmen dieser Arbeit sprengen würde.

Daher handelt es sich bei den hier vorgestellten Instrumenten nur um exemplarische Einzelbeispiele, deren Auswahl keinesfalls als Aussage über deren Wichtigkeit oder als Abdeckung der zur Verfügung stehenden Gesamtauswahl an Instrumenten verstanden werden darf.

Auch ist die Aufteilung der Instrumente nach Hersteller und Handel willkürlich gewählt und darf ebenfalls nicht als allgemeingültig angesehen werden.

Diese Zuordnung wurde gewählt, um anzudeuten, dass sich die Instrumente des Herstellers und des Handels in ihren Bemühungen um den Kunden ergänzen könnten. Auf eine Mehrfachnennung der Instrumente wurde bewusst verzichtet, da eine detaillierte Behandlung dieses Abschnitts bei der Entwicklung eines ganzheitlichen Ansatzes nicht maßgebend ist.

Dem Autor ist schon bewußt, dass z.B. ein Beschwerdemanagement oder ein Online Marketing nicht nur die Angelegenheit des Herstellers ist, sondern gleichermaßen auch vom Handel praktiziert wird.

2. Anregungsphase (Need Recognition)

2.1. Instrumente des Herstellers

2.1.1. Erlebnisorientierte Kommunikationspolitik

Die erlebnisorientierte Kommunikationspolitik hat die Aufgabe spezifische Konsumerlebnisse mit der Leistung eines Herstellers emotional zu verbinden. Die verschiedenen Formen dieser Politik zielen nicht auf den unmittelbaren Verkauf der Produkte ab, sondern auf der mit dem Konsum verbundenen Erlebnisfunktion[66][67]. Dies kann dazu führen, dass im Konsumenten ein Bedürfnis angeregt bzw. wiedererkannt wird, mit dem Ergebnis, dass dieser sich für eine Anschaffung entscheidet. Womit das Ziel einer Beeinflussung in der ersten Phase des Kaufentscheidungsprozesses des Konsumenten erreicht wäre[68].

Die Instrumente Product Placement und Event Marketing der erlebnisorientierten Kommunikationspolitik sollen im folgenden kurz skizziert werden.

Das **Product Placement** beschreibt die Plazierung eines Produktes als reales Requisit in der Handlung eines Spielfilms, einer Fernsehsendung oder eines Videoclips, wobei das Produkt während des Konsums oder als Ausstattung deutlich erkennbar ist[69].

---

[66] vgl. zur Erlebnisfunktion innerhalb der Konsumfunktion Abschnitt A. 2.2. dieser Arbeit
[67] vgl. Bergmann, 1998, S. 100 f
[68] vgl. Abschnitt B. 2.1. dieser Arbeit
[69] vgl. Bergmann, 1998, S. 101

Die Beeinflussung ist dann gegeben, wenn ein Konsument durch die Fiktion des Filmes ein Problem oder ein Bedürfnis wiedererkennt, welches sich an der Handlung orientiert und in sein reales Leben übertragbar ist und ihn so dazu anregt sich für eine Anschaffung zu entscheiden. Durch solch einen Verlauf des Product Placement wäre der Inhalt der Anregungsphase erfüllt.

Das **Event Marketing** beschreibt firmen- oder produktbezogene Veranstaltungen, durch die emotionale und physische Reize als auch starke Aktivierungsprozesse (Anregung) im Kunden ausgelöst werden[70].

Die Firma Nestlé hat im Rahmen einer Kundenbindungsaktion in Frankreich für das Geschäftsfeld Baby-Nahrung unterstützend während der Urlaubszeit im Sommer folgendes Event inszeniert. An speziellen Raststellen, die als Relais Bébé bezeichnet werden, verteilten Nestlé-Mitarbeiterinnen kostenlos Windeln sowie Babynahrung und halfen den jungen Familien bei der Versorgung der Kinder[71].

Es wird angenommen, dass dieser Event dazu beigetragen hat, bei den jungen Familien das Bedürfnis nach Sicherheit für ihre Kinder in den Produkten einer Unternehmung wiederzuerkennen. Sicherheit, die in diesem Fall durch das Vertrauen und Kompetenz, die der Herstellers Nestlé ihnen vermittelt, indem er durch dieses Event andeutet, zu wissen welche Unterstützung eine Familie wann am nötigsten hat. Wodurch sich der Konsument erneut für eine Anschaffung eines oder mehrerer Produkte entscheiden könnte und wahrscheinlich auch wird.

2.2. Instrumente des Handels

2.2.1. Werbepolitik

Die Werbepolitik des Handels ist ein Teilbereich der Wirtschaftswerbung, die im wesentlichen dazu beitragen soll, Kunden zu gewinnen und zu erhalten. Sie ist ausschließlich an Konsumenten bzw. private Haushalte gerichtet und beinhaltet Waren, die andere hergestellt haben[72].

Instrumente zur Aktivierung der Anregungsphase könnten beispielsweise Anzeigen in Tageszeitungen und/oder Anzeigenblätter, Beilagenwerbung und/oder Schaufensterwerbung sein. Denkbar sind auch Prospekte, die in den Haushalten verteilt werden, als Form der Direktwerbung[73].

---

[70] vgl. Meffert, 1998, S. 714 f
[71] vgl. Peter, 1999, S. 12
[72] vgl. Berekoven, 1995, S. 225 ff
[73] vgl. Berekoven, 1995, S. 231 ff

Bezug nehmend auf das Beispiel von Nestlé unter Punkt 2.1.1., könnte durch die Werbung des Handels die Entscheidung über die erneute Anschaffung von Nestlé Produkten in der Form gestärkt werden, indem der Konsument wiedererkennt, dass der Händler bei dem er regelmäßig einkauft oder ein anderer Händler in der Nähe seines Wohnortes, eine breite Palette von Nestlé Produkten anbietet. Vorausgesetzt, dass der Handel auch die Produkte dieses Herstellers bewirbt.

3. Suchphase (Information Search)

3.1. Instrumente des Herstellers

3.1.1. Online Marketing

Das Online Marketing beschreibt eine Form des Direkt Marketings, die betrieben wird über einen interaktiven Online Computer Service, welcher ein zwei Wege System zur Verfügung stellt, das den Konsumenten mit dem Hersteller elektronisch verbindet[74].
Eine Grundform des Online Marketings ist die Selbstdarstellung eines Herstellers im World Wide Web, also dem Internet, durch eine Informationsseite, einer sog. Homepage[75]. Auf einer solchen Seite kann der Hersteller detaillierte Informationen zu seinem Unternehmen und seinem Produktprogramm zur Verfügung stellen. Mit dieser Einrichtung unterstützt der Hersteller einen Konsumenten, der im Rahmen der Suchphase aktiv Informationen zu seiner Bedürfnisbefriedigung sammelt. Der Kunde könnte sich aufgrund des dort dargelegten Produktprogramms des Herstellers für die Produktgruppe entscheiden, die der Lösung seines Problems am nächsten kommt oder per E-Mail detailliertere Informationen zu dem Produktprogramm anfordern, sofern dieser Service dort angeboten wird[76].

3.1.2. Telefonmarketing (passiv)

Ist ein Konsument nicht im Besitz eines Computers oder einer Zugangsberechtigung für einen Online Computer Service, hat dieser die Möglichkeit Informationen über das Produktprogramm eines Herstellers per Telefon anzufordern, sofern dieser diesen Service anbietet. In diesem Fall wird von einem passiven Telefonmarketing gesprochen. Telefonmarketing beschreibt jenen Bereich des persönlichen Verkaufs, der sich der kundenbezogenen Kommunikation mittels des Telefons bedient. Dieser beinhaltet den reinen Telefonverkauf als auch die telefonische Übermittlung von Informationen. Es wird in aktives (outbound) und passives (inbound) Telefonmarketing unterschieden. Das aktive Telefonmarketing beschreibt

---
[74] vgl. Kotler et al., 1999b, S. 964
[75] vgl. Nahrholdt, 1997, S. 273
[76] zur Suchphase vgl. Abschnitt B. 2.1. dieser Arbeit

den Vorgang, in dem ein Unternehmen zu einem Kunden telefonisch Kontakt aufnimmt, zum Zwecke des Verkaufs oder der Kundenpflege. Das passive Telefonmarketing beschreibt den umgekehrten Vorgang, in dem ein Kunde bei einem Unternehmen anruft, um z.B. eine Bestellung aufzugeben oder Informationen anzufordern[77].

3.2. Instrumente des Handels

3.2.1. Katalogmarketing

Das Katalogmarketing ist eine Form des Direktmarketings, in der Kataloge an ausgewählte Kunden versendet werden oder in Ladengeschäften verfügbar gemacht werden[78].

In der Suchphase wird einem Kunde neben dem aktiven Sammeln von Informationen auch eine erhöhte Aufmerksamkeit unterstellt, die sein Interesse beim Besuch eines Händlers auch auf dort ausgelegte Kataloge zur Lösung seines Problem lenken. Mit der Auswahl eines entsprechenden Katalogs würde er sich automatisch für eine Produktgruppe entscheiden.

3.2.2. Kundenkarte

Der Begriff der Kundenkarte umfaßt eine breite Kategorie von Karten, dessen wichtigstes Unterscheidungsmerkmal von anderen Karten ist, dass sie von einem Handels- und Dienstleistungsunternehmen herausgegeben wird. Es werden zwei Arten von Karten unterschieden. Die Kundenkarte ohne und die Kundenkarte mit Zahlungsfunktion, wobei die Karte mit Zahlungsfunktion als erfolgreichste Variante gilt. Darüber hinaus gibt es noch sog. Co-Branding-Karten, welche der Anbieter zusammen mit einer Kreditkartengesellschaft herausgibt[79]. Über eine Kundenkarte können Informationen zu den individuellen Bedürfnisse und Gewohnheiten eines Kunden ermittelt werden, mit deren Hilfe Cross-Selling-Potentiale aufgedeckt werden sollen, die dann über eine individuelle Kundenansprache ausgenutzt werden[80]. Der Kunde erhält gezielt an ihn gerichtete Informationen zu Produkten[81] oder Produktgruppen, die auf der Auswertung seines Kaufverhaltens basieren, das über seine Kundenkarte ermittelt wurde[82].

Durch diese auf seine Bedürfnisse abgestimmte Versorgung von Informationen, die er aufgrund seiner erhöhten Aufmerksamkeit in der Suchphase gern annimmt, wird der Kunde in seiner Entscheidung über die Produktgruppe zur Lösung seines Problems aktiv unterstützt.

---

[77] vgl. Greff, 1997, S. 230 ff
[78] vgl. Kotler et al., 1999b, S. 960
[79] vgl. Kaapke, 1999, S. 167 f
[80] vgl. Tomczak, 1998, S. 111
[81] vgl. Kaapke, 1999, S. 172
[82] Zu den weiteren an eine Kundenkarte geknüpfte Funktionen vgl. Kaapke, 1999, S. 173

Der Schweizer Handelskonzern Migros nutzt seine Kundenkarte *Cumulus* genau für o.g. Zwecke. Der Konzern lernte die Einkaufsgewohnheiten seiner Kunden über die Kundenkarte besser kennen und kontaktierte aufbauend auf den gewonnenen Informationen die Konsumenten gezielt mit Mailings, die speziell auf die Produktgruppen abhoben, die der jeweilige Endverbraucher in der Vergangenheit gekauft hatte[83].

4. Auswahlphase (Evaluation of Alternatives)

4.1. Instrumente des Herstellers

4.1.1. Produktnutzen

Der Produktnutzen soll hier verstanden werden, als der Kernnutzen des Produktes, welchen der Konsument zur Lösung seines Problems oder der Befriedigung seiner Bedürfnisse durch den Kauf wirklich erhält[84].

In der Auswahlphase[85] nutzt der Konsument, die Informationen, die er in der Suchphase gesammelt hat, um die Kernnutzen der jeweiligen Produktgruppe miteinander zu vergleichen, um sich dann für die in Frage kommende Produktart zu entscheiden.

4.1.2. Nutzenorientierte Preispolitik

In der nutzenorientierten Preispolitik leitet der Hersteller seine Preisforderungen aus dem Nutzen des angebotenen Produktes für den Konsumenten ab. Der Kunde richtet seine Zahlungsbereitschaft hierfür auf den erwarteten Erfüllungsgrad seiner Bedürfnisse durch das Produkt aus[86].

Stimmt die Relation von Preis und Produktnutzen aus Sicht des Konsumenten überein, so wird dieser sich für eine entsprechende Produktart entscheiden.

4.2. Instrumente des Handels

4.2.1. Sortimentspolitik

Das Sortiment des Handels ist eine Vielheit von Waren, die von diesem als eine nachfrage- und auswahlgerechte Angebotsgesamtheit gleichzeitig geführt wird[87].

Das Sortiment des Handels kann den Konsumenten in der Auswahlphase unterstützen, in dem eine Vielzahl von Produktarten zur Auswahl zur Verfügung gestellt werden. Aus einer solchen reichhaltigen Auswahl an Produktarten, kann sich der Kunde basierend auf seinen

---

[83] vgl. Peter, 1999, S. 13
[84] vgl. Kotler et al., 1999b, S. 561
[85] vgl. Abschnitt B. 2.1. dieser Arbeit
[86] vgl. Bergmann, 1998, S. 86
[87] vgl Berekoven, 1995, S. 73

gesammelten Informationen, dann für eine Produktart entscheiden, von der er erwartet, dass sein Problem zu seiner Zufriedenheit gelöst wird.

5. Kaufphase (Purchase Decision)

5.1. Instrumente des Herstellers

5.1.1. Electronic Commerce (Online Shopping)

Electronic Commerce ist ein allgemeiner Ausdruck für einen Kauf- oder Verkaufsprozess, der durch elektronische Mittel unterstützt wird[88]. Wohingegen von Online Shopping gesprochen wird, wenn ein Unternehmen auf seiner Homepage oder einer beliebigen anderen Seite ein virtuelles Kaufhaus eröffnet, in dem der Konsument die Möglichkeit hat, Produkte, Dienstleistungen oder Informationsangebote auszuwählen und zu bestellen[89].

Hier gibt es zwei Möglichkeiten den Kunden in der Kaufphase zu unterstützen. Die eine ist, dass der Kunde direkt im Internet bei dem Hersteller bestellt, dieser leitet die Bestellung weiter an einen Händler in der Nähe der Lieferanschrift des Kunden. Dieser Liefert dann die Ware zum vereinbarten Lieferzeitpunkt an den Kunden aus. Wünscht der Kunde selbst ein Ladengeschäft aufzusuchen, kann er sich beim Hersteller im Internet darüber erkundigen, wo das nächstgelegene zu finden ist. Unter Umständen kann er dieses Geschäft auch über bestimmte Spezifikationen eingrenzen, wie z.B. er wünscht eine intensive Beratung, da er sich zwar bereits für die Produktart entschieden hat, aber Entscheidungshilfe für die passende Marke benötigt oder er wünscht nur eine Kauf und Warenausgabe Möglichkeit, da er sich bereits für die Marke entschieden hat[90].

5.2. Instrumente des Handels

5.2.1. Verkaufspersonalpolitik

Bei dem Einsatz von Verkaufspersonal, geht es im wesentlichen darum, wirtschaftliche Aspekte mit denen des tatsächlich stattfindenden Kundenkontakts in Einklang zu bringen. Denn wie bereits unter Punkt 5.1.1. angedeutet, kommt der Kunde entweder mit einer konkreten Kaufabsicht bezüglich einer Marke ins Ladengeschäft oder er hat sich erst für eine Produktart entschieden, ist sich aber über dessen Konkretisierung in Form einer Marke noch nicht im klaren und wünscht daher die Unterstützung durch eine Verkäuferin. Die Anforderung die in diesem Fall an das Verkaufspersonal gestellt werden, ist deren Auftreten und Aussehen, das einen Kunden ermutigen sollte, diese Person um Hilfe zu bitten. Weiterhin ist die Kontaktfä-

---

[88] vgl. Kotler et al., 1999b, S. 966
[89] vgl. Nahrholdt, 1997, S. 273
[90] zur Kaufphase vgl. Abschnitt B.2.1.

higkeit des Personals wichtig, zu dem ein Gespür gehört, zu erkennen wann ein Kunde Hilfe braucht, aber auch ein entsprechendes verkäuferisches Talent, durch das der Kunde geschickt zu seiner Kaufentscheidung geführt wird. Diese verkäuferische Begabung sollte auf eine fundierte fachliche Qualifikation basieren, zu der das vollständige Kennen des Sortiments und eine ausgiebige Warenkenntnis gehört. Denn dem Kunden nützt kein Kaufabschluss, der ihn in der Bestätigungsphase die Erkenntnis bringt, dass ihm gerade etwas "angedreht" wurde, was keinesfalls zur Lösung seines Problems in der Form beitragen kann, wie der Verkäufer ihn zuvor hat glauben lassen[91].

6. Bestätigungsphase (Postpurchase Behaviour)

6.1. Instrumente des Herstellers

6.1.1. Kundenclub

Kundenclubs streben den Aufbau und die Intensivierung individueller Kundenbeziehungen an. Dies wird erreicht durch den Aufbau eines produkt- bzw. unternehmensbezogenen Zusammengehörigkeitsgefühls, mit dem Ziel Folgekäufe der Kunden zu fördern[92].

Kundenclubs übernehmen nach dem Wegfall der Tante-Emma-Läden dessen Aufgaben, die besonderen Bedürfnisse der Kunden nach Individualität, nach persönlichen Kontakten, Verständnis und Zusammenhalt zu befriedigen. Mit ihnen soll das verlorengegangene persönliche Verhältnis zu den Kunden wiederhergestellt werden. Die Mitglieder eines Kundenclubs versorgen den Hersteller darüber hinaus mit Informationen über dessen speziellen Vorlieben und Bedürfnissen, die in einer entsprechenden Datenbank zur permanenten Auswertung gespeichert werden könnten[93].

Beispiel für einen Kundenclub ist das Maggi-Kochstudio, das ihren Mitgliedern die Möglichkeit bietet, Informationen über die Zubereitung von Speisen mit Maggi-Produkten zu erhalten[94]. Mit einer Mitgliedschaft in einem Kundenclub nimmt der Konsument eine unterstützende Handlung vor basierend auf seiner Zufriedenheit mit den Produkten, die je nach Güte der dort erhaltenen Leistung stabilisiert wird[95].

6.1.2. Beschwerdemanagement

Ist der Kunde mit der Leistung eines Herstellers unzufrieden so hat dieser die Möglichkeit zu handeln oder die Unzufriedenheit zu akzeptieren, indem er nicht handelt. Seine Handlungsalternativen sind abzuwandern wodurch er dem Hersteller als Kunde verlorengeht oder er wi-

---

[91] vgl. Berekoven, 1995, S. 313 ff
[92] vgl. Jeschke, 1995, S. 240
[93] vgl. Wiencke, 1997, S. 333 f
[94] vgl. Bergmann, 1998, S. 97
[95] vgl. Abschnitt B.2.1. und B.2.2.

derspricht. Entweder sorgt er in seinem Widerspruch für negative Mundreklame gegenüber anderen, wodurch der Hersteller u.U. weitere Kunden verliert oder es wird dem Kunden die Möglichkeit gegeben sich direkt an den Hersteller zu wenden[96]. Entscheidet sich der Kunde für die Kontaktaufnahme zum Hersteller, so sollte dieser über ein Beschwerdemanagement verfügen. Das Beschwerdemanagement beschäftigt sich mit der zielorientierten Planung, Durchführung und Kontrolle aller Maßnahmen, die ein Hersteller im Zusammenhang mit Kundenbeschwerden ergreifen kann. Kundenbeschwerden werden definiert als Artikulation von Unzufriedenheit, die Konsumenten gegenüber Hersteller oder Handel äußern, um auf ein kritikwürdiges Verhalten der Unternehmungen hinzuweisen, Lösungen für aktuelle Konsumprobleme zu erzielen und/oder Veränderungen des kritisierten Verhaltens des Herstellers oder Handels zu veranlassen[97]. Bezug nehmend auf die Bestätigungsphase bedeutet dies, dass der Endverbraucher eine weitere Handlung vornimmt, die auf seine Unzufriedenheit mit der Leistung basiert. Da seine Beschwerde eine neue Erwartung in dem Kunden hervorruft, bekommt der Hersteller durch die Entgegennahme der Beschwerde die Möglichkeit, erneut Zufriedenheit des Kunden zu stabilisieren, sofern seine Erfahrungen durch die getätigte Beschwerde mit seinen Erwartungen nämlich der Lösung seines Problems, übereinstimmen[98]. Dies würde dann zu einer Entscheidung des Konsumenten zum kontinuierlichen Wiederkauf führen.

Da es im CRM, um Interaktion mit dem Kunden geht, könnte im Rahmen des Beschwerdemanagements, der Kunde nicht nur ermutigt werden, seiner Unzufriedenheit Luft zu machen, sondern sich auch zufrieden über Produkte zu äußern. Denn im Rahmen der Identifikation von Vorlieben und Bedürfnissen der Konsumenten, sollte es für den Hersteller auch wichtig sein zu erfahren, welchen Vorlieben und Bedürfnissen er mit seinem Produkt am optimalsten entgegenkommt.

6.2. Instrumente des Handels

6.2.1. Servicepolitik

Die Servicepolitik beinhaltet alle Zusatz-, Folge- oder Nebenleistungen, die innerhalb der Bestätigungsphase zur Förderung einer Hauptleistung zum Einsatz kommen können. Der Servicepolitik sollen in diesem Falle alle freiwillig erbrachten Leistungen zugeordnet werden[99]. Mögliche freiwillige Serviceleistungen könnten sein die Installation, die Reparatur, die Modifikation/Anpassung, die Zustellung, die Entsorgung eines Produktes sowie das Bereitstellen von Geschenkverpackungen und/oder einer Anwendungsberatung[100].

---

[96] vgl. Scharnbacher et al., 1996, S. 12
[97] vgl. Jeschke, 1995, S. 261
[98] vgl. Darstellung 6 dieser Arbeit, S. 19
[99] vgl. Jeschke, 1995, S. 244
[100] vgl. Berekoven, 1995, S. 167; Jeschke, 1995, S. 247

Der Konsument wird durch die Serviceleistungen in seinem Nachkaufverhalten in der Form unterstützt, dass er z.B. durch den Service der Installation bzw. der Modifikation/Anpassung oder einer Anwendungsberatung ein erworbenes Produkt schneller in Betrieb nehmen kann, wodurch dem Aufkommen einer möglichen Unzufriedenheit entgegengewirkt würde.

7. Zusammenfassung

Die vorangegangenen Überlegungen der Punkte 2. bis 6. haben versucht den Kaufentscheidungsprozess des Wiederkaufes in der jeweiligen Phase isoliert zu betrachten. Dies ist leider in der Form nicht immer einfach darzustellen gewesen, wie einige der Ausführungen zeigten, da die Grenzen zwischen den einzelnen Phasen fließend sind und u.U. auch die eine oder andere Phase während des Kaufentscheidungsprozesses durch den Konsumenten ausgelassen wird. Hinzu kommt, dass die Instrumente nicht nur in der ihr zugeordneten Phase Einfluss nehmen, sondern auch in anderen Phasen der Kaufentscheidung wirken können. So können sich beispielsweise die Funktionen der Kundenkarte in ihrer Wirkung ebenfalls auf die Anregungsphase, Kaufphase und Bestätigungsphase erstrecken. Diese statische Betrachtung der Instrumente in der jeweilige Phase des Kaufentscheidungsprozesses wurde vorgenommen, um deren Einfügung in einen ganzheitlichen Ansatz zu erleichtern.

D. Die organisationalen *Prozesse* als zu berücksichtigende Elemente im ganzheitlichen Ansatz von CRM

1. Einführung

Dieser Abschnitt beschäftigt sich mit den prozessbezogenen Instrumenten als zu berücksichtigendes Element im ganzheitlichen Ansatz von CRM. Hierfür werden die prozessbezogenen Instrumente identifiziert, von denen angenommen wird, dass sie sich in einer wechselseitigen Beziehung ergänzen bzw. unterstützen und somit die Grundlage für ein effektiveres CRM im ganzheitlichen Ansatz bilden.

Diese Instrumente werden im folgenden anhand ihrer Definition und Zielsetzung vorgestellt, die das dahinter stehende Konzept skizzieren sollten, um anschließend in der Zusammenfassung ihre vermutete Wechselwirkung zu ermitteln.

2. Organisationsentwicklung

2.1. Definition und Grundlagen der Organisationsentwicklung

Die Organisationsentwicklung ist eine Strategie zur Verbesserung der Problemlösungs- und Erneuerungsprozesse in einer Organisation[101], die eine gründliche Reflexion zur Beurteilung der Kultur, Geschichte und Anpassungsdynamik der Organisation im Vorfeld erforderlich macht, um Überzeugungen, Verhaltensweisen, Werte und Strukturen der Organisation dahin zu verändern, dass sie in die Lage versetzt werden, sich neuen Technologien, Märkten und Herausforderungen sowie dem hohen Tempo fortschreitender Veränderungen anzupassen[102].

Ihr Wesen besteht im Wesentlichen in einem Bemühen um die Vitalisierung, das Wachstum, die Aktualisierung, Aktivierung und Erneuerung von Organisationen durch technische und menschliche Ressourcen[103]. In diesem Bemühen zielt sie allgemein auf eine planmäßige mittel- bis langfristig wirksame Veränderung der individuellen Verhaltensmuster, Einstellungen und Fähigkeiten von Organisationsmitgliedern, der Organisationskultur und des Organisationsklimas sowie von Organisations- und Kommunikationsstrukturen als auch der strukturellen Regelungen im weitesten Sinne (wie z.B. Arbeitszeit und Lohnformen)[104].

In der Organisationsentwicklung wird die Organisation als ganzheitliches System verstanden, das aus einer Reihe von Elementen besteht, die untereinander mit ihren Teilen verknüpft sind und in Wechselwirkung zueinander stehen[105]. Daher sind die Maßnahmen der Organisationsentwicklung immer unter Berücksichtigung auf die Veränderung des Gesamtsystems zu betrachten.

Im folgenden werden die Aktionsforschung sowie der Survey-Feedback-Ansatz (Datenrückkopplungsansatz) als Modelle der Organisationsentwicklung kurz skizziert. Es ist Anzumerken, dass diese beiden Modelle die Auswahl an theoretischen Ansätzen nicht erschöpfen, sondern hier nur exemplarisch zur Verdeutlichung der Umsetzung des Konzepts der Organisationsentwicklung genannt seien.

Die **Aktionsforschung** ist definiert als eine fortlaufende Reihe von Handlungen und Ereignissen (Prozess) der systematischen Sammlung empirischer Daten über ein System in Be-

---

[101] vgl. French et al., 1994, S. 31
[102] vgl. Probst, 1993, S. 559
[103] French et al., 1994, S. 32
[104] Staehle, 1999, S. 924
[105] French et al., 1994, S. 100

zug auf dessen Ziele und Bedürfnisse. Das Feedback aus diesen Daten an das System sowie das Aufstellen zusätzlicher Hypothesen dienen der Entwicklung von Aktionen (Handlungen) zur Veränderung einzelner Systemvariablen. Auf Basis einer erneuten Datensammlung werden die Ergebnisse dieser Aktion überprüft und ausgewertet[106].

Der Verlauf der Aktionsforschung ist wie folgt zu verstehen. Ein Mitarbeiter oder Manager nimmt ein Problem wahr. Ein Außenstehender wird als Berater hinzugezogen. Hierbei kann es sich, um eine Externe Person handeln, oder es wird jemand aus der Organisation betraut, der nicht mit dem Problem im Zusammenhang steht, was jeweils von der Komplexität des Problems abhängt. Der Berater beginnt mit dem Sammeln von Daten, wertet diese aus und stellt zusätzlich Hypothesen auf und gibt ein entsprechendes Feedback an die betroffenen Mitarbeiter. Der Berater und die betroffenen Mitarbeiter suchen gemeinsam nach Aktionen (Handlungsplanung) und setzen diese dann um (Handlungsdurchführung). Aufgrund der Handlungsänderung werden neue Daten erhoben und ausgewertet sowie um weitere Hypothesen ergänzt. Wiederum Feedback an die Mitarbeiter und gemeinsame Suche nach geplanten Aktionen mit darauffolgender Umsetzung der Aktion. Wiederholte Datensammlung und Auswertung etc. (fortlaufender Zyklus)[107].

Während bei der Aktionsforschung Aktionen entwickelt werden zur Veränderung einzelner Systemvariablen, steht im **Survey-Feedback-Ansatz (Datenrückkopplungsansatz)** eine organisationsweite Informationssammlung über die Führungssituation und die auf eine Veränderung ausgerichtete Diskussion der Ergebnisse im Mittelpunkt. Den Kern bildet eine partizipativ-gestaltete Problemdiagnose, die Führungskräfte und alle Mitarbeiter in die Lage versetzen sollen, mit Hilfe der erhobenen Daten die vorhandenen Probleme der Organisation zu erkennen. Die Problemerkennung erfolgt über eine Gegenüberstellung der ermittelten Wirklichkeit in der Organisation mit einem vorgegebenen Idealmodell einer modernen Organisation (Vgl. Darstellung 7). Die hier erkennbaren Diskrepanzen sollen dann mit Hilfe gezielter Veränderungspläne verringert werden.

Der Datenrückkopplungsansatz wird in folgenden Schritten durchgeführt:

1. *Entwicklung des Erhebungsinstruments*: Der Fragebogen wird an die spezifische Organisation angepasst und das zugrundeliegende Idealmodell wird erläutert
2. *Datenerhebung*: Grundsätzlich werden alle Mitglieder der betreffenden organisatorischen Einheit befragt

---

[106] vgl. French et al., 1994, S. 110
[107] vgl. Probst, 1993, S. 561; French et al., 1994, S. 112

3. *Schulung*: Die Führungskräfte werden auf die Feedback-Phase durch Einweisung in die Technik der nicht-direktiven Moderation der Gruppendiskussion vorbereitet
4. *Feedback*: Die Feedback-Phase beginnt an der Spitze der Organisation und wird bis zur untersten Hierarchieebene fortgesetzt. Die erste Feedback-Runde wird dabei von einem externen Berater durchgeführt. Die Runden beginnen mit der Interpretation der Ergebnisse, die in aller Regel für die Gesamtorganisation als auch für die jeweilige Gruppe vorgelegt werden
5. *Aktionsplanung*: Nachdem die Ergebnisse interpretiert und die vordringlichsten Probleme im Organisations- und Führungsbereich diagnostiziert wurden, soll in jeder Diskussionsgruppe ein Aktionsplan beschlossen werden, der die aus der Sicht der Gruppe vordringlichsten Änderungsmaßnahmen benennt. Die Vorschläge werden gesammelt und zu einem Änderungsprogramm verdichtet
6. *Fortgesetztes Feedback*: In weiteren Datenerhebungs- und -rückkopplungsrunden soll der erzielte Fortschritt ermittelt und weitere Veränderungsmaßnahmen angeregt werden

1. Starkes Vertrauen und hohe Wertschätzung unter den Organisationsmitgliedern
2. Offenes, problemorientiertes Organisationsklima
3. Zielerreichung und nicht Machterhalt stehen im Vordergrund
4. Formale und funktionale (Experten-)Autorität decken sich weitgehend
5. Organisationsmitglieder verfügen über Handlungsspielräume
6. Entscheidungen werden dort getroffen, wo die besten Informationen zur Verfügung stehen
7. Die Motivation zur Entwicklung neuer Ideen wird gefördert
8. Das Entlohnungssystem ist sowohl leistungs- wie auch auf die persönliche Entwicklung der Mitglieder bezogen
9. Organisationsmitglieder kontrollieren sich in großem Umfange selbst
10. Organisationsmitglieder interessieren sich für ihre Arbeit und identifizieren sich mit der Organisation
11. Konflikte entstehen aus sachlichen Kontroversen über Problemlösungen; sie zielen auf eine Verbesserung der Aufgabenvollzüge
12. Die Organisation ist provokativ, d.h. sie versucht, Probleme so früh als möglich zu antizipieren, um rechtzeitig Lösungsmöglichkeiten zu suchen und Maßnahmen in die Wege leiten zu können

Darstellung 7: Die gesunde Organisation[108]

---

[108] Schreyögg, 1999, S. 504

Die Datenerhebungs- und Datenrückkopplungs-Sequenzen sollen so häufig wiederholt werden, bis sich ein befriedigender Zustand einstellt[109].

Die Modelle der Organisationsentwicklung ermutigen demnach Mitarbeiter, alles auszusprechen was sie von einer bestimmten Sache halten, die auch ihre eigenen Ziele, Wünsche, Werte und persönlichen Strategien einbeziehen. Wodurch jedem einzelnen die Möglichkeit gegeben wird, den Bezugsrahmen eines Unternehmens in Frage zu stellen und Vorschläge zu dessen Veränderung zu unterbreiten. Jeder Mitarbeiter wird umfassend in die Funktionsweise des Ganzen mit einbezogen und trägt Mitverantwortung, für dessen reibungslosen

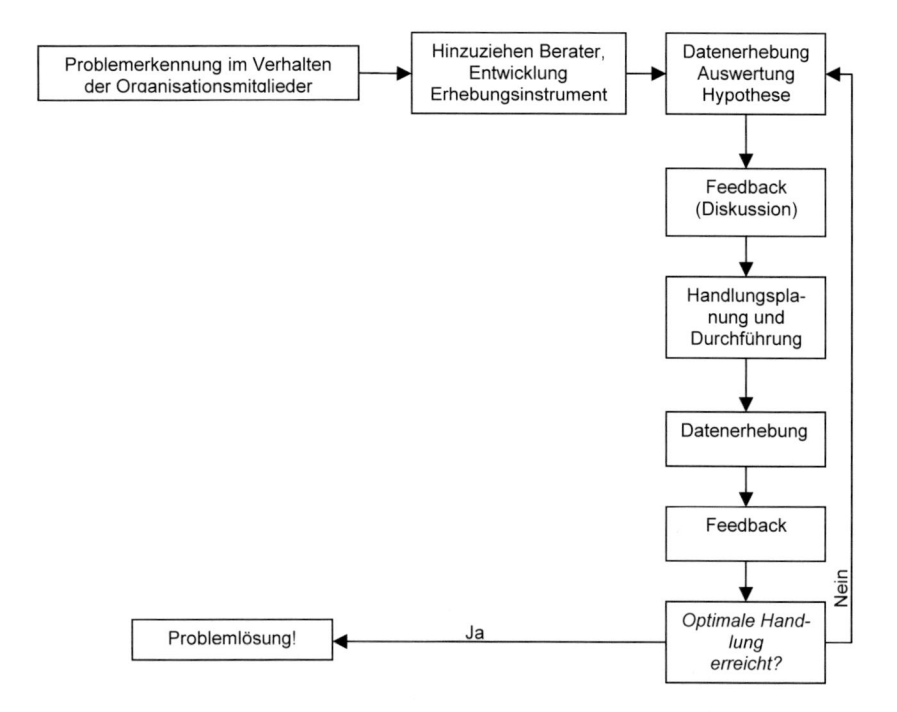

```
┌─────────────────────┐    ┌─────────────────────┐    ┌─────────────────────┐
│ Problemerkennung im │ →  │ Hinzuziehen Berater,│ →  │    Datenerhebung    │
│ Verhalten der       │    │     Entwicklung     │    │     Auswertung      │ ←┐
│ Organisationsmit-   │    │ Erhebungsinstrument │    │     Hypothese       │  │
│ glieder             │    │                     │    │                     │  │
└─────────────────────┘    └─────────────────────┘    └──────────┬──────────┘  │
                                                                 ↓             │
                                                      ┌─────────────────────┐  │
                                                      │      Feedback       │  │
                                                      │    (Diskussion)     │  │
                                                      └──────────┬──────────┘  │
                                                                 ↓             │
                                                      ┌─────────────────────┐  │
                                                      │   Handlungspla-     │  │
                                                      │     nung und        │  │
                                                      │    Durchführung     │  │
                                                      └──────────┬──────────┘  │
                                                                 ↓             │
                                                      ┌─────────────────────┐  │
                                                      │    Datenerhebung    │  │
                                                      └──────────┬──────────┘  │
                                                                 ↓             │
                                                      ┌─────────────────────┐  │
                                                      │      Feedback       │  │
                                                      └──────────┬──────────┘  │
                                                                 ↓         Nein│
┌─────────────────────┐        Ja                     ┌─────────────────────┐  │
│   Problemlösung!    │ ←──────────────────────────── │  Optimale Handlung  │──┘
└─────────────────────┘                               │      erreicht?      │
                                                      └─────────────────────┘
```

Darstellung 8: Modell der Organisationsentwicklung[110]

Ablauf. Dieser fortlaufende Prozess der Anpassung und Infragestellung durch die Organisationsmitglieder regt zur Reflexion an und fördert die Autonomie und gibt damit dem Unter-

---

[109] vgl. Schreyögg, 1999, S. 503 ff
[110] vgl. French et al., 1994, S. 112; Probst, 1993, S. 561; Schreyögg, 1999, S. 505

nehmen die Möglichkeit, sich durch das Verständnis seiner Funktionsweise und die Infragestellung seiner routinemäßigen Abläufe zu entwickeln[111].

3. Organisationales Lernen

3.1. Definition und Grundlagen des organisationalen Lernens

Organisationales Lernen ist die Fähigkeit einer Institution als Ganzes Fehler zu entdecken, diese zu korrigieren sowie die organisationale Wert- und Wissensbasis zu verändern, so daß neue Problemlösungs- und Handlungsfähigkeiten erzeugt werden. Sie umfaßt auch die Fähigkeit, Handlungsstrategien und -kriterien auf ihre Sinnhaftigkeit zu überdenken und neu zu definieren[112].

Lernen von Organisationen wird demnach verstanden als die Veränderung der Wert- und Wissensbasis. Wobei die Wissensbasis als wesentliche Bedingung ihren Bestand ermöglicht, denn ohne Wissen sind weder Kommunikation noch Handlungen möglich. In ihr fließen alle Erfahrungen und Grundsätze zusammen, die in einem System im Zuge seiner Auseinandersetzung mit der Umwelt gelernt werden. Organisationales Lernen beschränkt sich also nicht auf die inhaltliche Modifikation des Wissens sondern zeichnet sich aus, durch eine in der Organisation verankerte Dauerbereitschaft sich Neuem durch bereits gelernte Erwartungs- und Kognitionsmuster zu stellen, basierend auf einer mit gelernten Fähigkeit, jederzeit das Gelernte als Grundlage weiteren Lernens zu verwenden. Diese Lernfähigkeit stellt die Bereitschaft zur Veränderung sicher"[113].

Der Lernprozess der Organisation wird von den Individuen in der Organisation, den Organisationsmitgliedern getragen. Allerdings ist dieses Lernen nicht als persönliches Lernen des Individuums zu verstehen, sondern das Organisationsmitglied lernt von vornherein organisatorisch. Denn das Problem welches den Lernprozess anregt, bezieht sich auf die Korrektur eines Fehlers innerhalb der Organisation, wodurch es für den privaten Kognitionsprozess eines Organisationsmitgliedes unerheblich ist[114]. Ist das Lernen der Organisation grundsätzlich als eine Veränderung seiner Wissensbasis zu verstehen, so ist das Lernen des Organisationsmitgliedes in diesem Zusammenhang als die Veränderung seines Wissens zu verstehen, im Gegensatz zur Veränderung seiner Response-Wahrscheinlichkeit[115].

---

[111] vgl. Probst, 1993, S. 563 f
[112] vgl. Probst et al., 1994, S. 177
[113] vgl. Schreyögg, 1999, S. 546 f
[114] vgl. Schreyögg, 1999, S. 535
[115] vgl. Peter Pawlowsky, 1992, S. 200

Lernprozesse werden im Individuum ausgelöst durch das Machen von Erfahrungen, wobei zu beachten ist, daß nicht jede Erfahrung zur Auslösung eines Lernprozesses führt, denn es gibt Erfahrungen, die keine Lernimpulse auslösen, weil sie durch alte Erfahrungen bestätigt werden[116].

Diese Erfahrungen werden von den einzelnen Mitgliedern einer Organisation erlebt und in die Organisation eingebracht. Dieses individuelle Wissen wird in organisationales Wissen überführt in Form von Aufzeichnungen, Arbeitsanweisungen, Mythen und Kulturen[117], so daß es jederzeit auch anderen Organisationsmitgliedern zur Verfügung steht, besonders auch nachdem ein Mitglied die Organisation verlassen hat.

Der Prozess des organisationalen Lernens wird grundsätzlich in drei Lernebenen unterschieden. Das Anpassungslernen (single-loop learning), das Veränderungslernen (double-loop learning) und das Prozeßlernen (deutero learning)[118]. Sie werden im folgenden kurz vorgestellt.

Das **Single-loop learning** hat stattgefunden, wenn Übereinstimmungen mit den Zielen bzw. bestimmenden Variablen (governing variables) hergestellt werden oder wenn Nicht-Übereinstimmungen (mismatches) korrigiert werden. Diese Korrektur wird vorgenommen, in dem die Handlungen (actions) zu Gunsten einer Übereinstimmung geändert bzw. angepaßt werden[119]. Demnach nimmt die Fehlererkennung und -korrektur keinen weiteren Einfluss auf die aktuelle Politik oder Ziele der Organisation, sondern beschränkt sich nur auf eine Veränderung der Handlungen, um die vorgegebenen Ziele zu erreichen[120].

Das **Double-loop learning** wird ausgelöst, wenn eine Korrektur der Handlungen zum erreichen der Ziele, nicht mehr möglich ist. Auf dieser nächsten Stufe der organisationalen Lernebene werden dann die bestimmenden Variablen auf ihre Validität untersucht und wenn notwendig geändert. Auf Basis der geänderten Ziele werden dann die Handlungen angepaßt (single-loop learning)[121]. Demnach tritt Doubl-Loop learning dann in Kraft, wenn Fehler erkannt werden, die nur korrigiert werden können durch die Veränderung der aktuellen Normen, Ziele und Politik der Organisation[122].

---

[116] vgl. Harald Geißler, 1991, S. 86
[117] vgl. Peter Pawlowsky, 1992, S. 202
[118] vgl. Probst et al., 1994, S. 35; Argyris et al., 1978, S. 18 ff
[119] vgl. Argyris, 1992, S. 8
[120] vgl. Argyris et al., 1978, S. 2 f
[121] vgl. Argyris, 1992, S. 8 f
[122] vgl. Argyris et al., 1978, S. 3

Die letzte organisationale Lernebene ist das **deutero learning**. Es bildet die Grundlage für die vorangegangenen Lernebenen, da es stattfindet durch das Erkennen der Notwendigkeit des Lernens an sich. Die Organisation lernt also, wie single- und double-loop learning anzuwenden ist[123]. Demnach ist das deutero learning die Einsicht über den Ablauf der Lernprozesse, dessen Notwendigkeit und der Art und Weise ihrer Anwendung, wodurch Lernen zu lernen zur Grundlage von organisationalen Lernprozessen wird[124].

In Darstellung 9 wird der Zusammenhang der organisationalen Lernebenen noch einmal visualisiert.

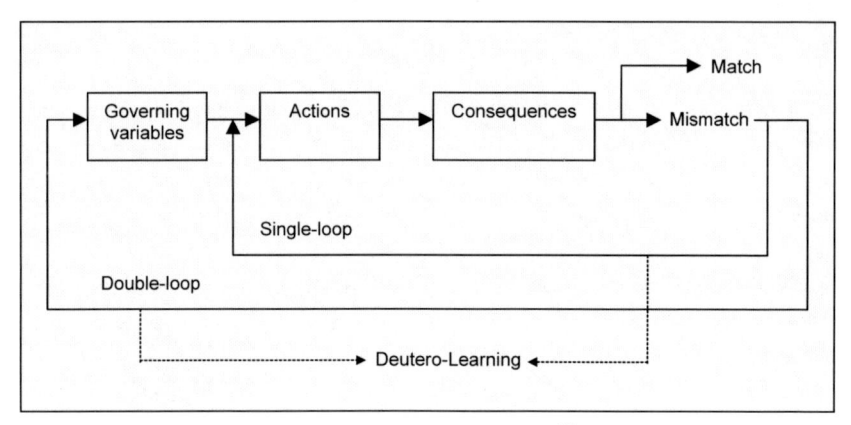

Darstellung 9: Die drei Ebenen des organisationalen Lernens[125]

Allerdings findet das Lernen in der Organisation nicht schon statt, wenn ein Organisationsmitglied ein Problem entdeckt oder die Lösung für ein Problem vorschlägt. Sondern Lernen hat erst im Sinne des single- und double-loop learning stattgefunden, wenn die vorgeschlagenen Lösungen auch umgesetzt wurden[126].

Das Lernen der Organisation kann aber auch an sog. organisationale Lernbarrieren scheitern, die verstanden werden als Praktiken oder Handlungen, welche das Erkennen und Korrigieren von Fehlern verhindern[127]. Die Organisationsmitglieder weigern sich, alte Wissensstrukturen zu ändern bzw. aufzugeben[128].

---

[123] vgl. Argyris et al., 1978, S. 26
[124] vgl. Probst et al., 1994, S. 39
[125] vgl. Chris Argyris, 1992, S. 8; Schreyögg, 1999, S. 541
[126] vgl. Argyris, 1992 S. 9
[127] vgl. Argyris, 1993, S. 19
[128] vgl. Probst et al., 1994, S. 73

Sie berauben einer Organisation ihrer Möglichkeit zu lernen, in dem Fehler verschleiert und zusätzlich produziert werden. Als wesentliche Lernbarrieren sind zu nennen, das *organizational defensive pattern* (organisationales Abwehr-Muster), das sich zusammensetzt aus *skilled incompetence* (geschickte Unfähigkeit), *defensive routines* (Abwehr-Routine), *fancy footwork* (ideenreiche Ausflüchte) und *malaise* (Unbehagen)[129] sowie "Normen, Privilegien, Tabus"[130] und "Informationspathologien[131]", die insbesondere das double-loop und deutero learning hemmen.

Organisationales Lernen ist also gekennzeichnet durch das Erwerben und Anwenden von Wissen seiner Mitglieder. Wissen, das organisational wird, in Form von Standardprozeduren, Normen, Werte, Strategien, Artefakte, Systemen, Strukturen, Verfahren, Programme, Regeln, Aufzeichnungen, Arbeitsanweisungen, Mythen und Kulturen und so für alle Organisationsmitglieder zugänglich wird.

Die Voraussetzungen für das Stattfinden von Lernen ist die Lernbereitschaft und Aufnahmefähigkeit der einzelnen Organisationsmitglieder sowie dessen Bereitschaft dieses Wissen auch an die Organisation bzw. andere Organisationsmitglieder abzugeben und vor allem auch die Bereitschaft der Organisation bzw. der anderen Organisationsmitglieder dieses Wissen anzunehmen und umzusetzen sowie weiterzuentwickeln bzw. zu komplettieren.

4. Wissensmanagement

4.1. Definition und Grundgedanke des Wissensmanagement

Das Wissensmanagement strebt eine bewusste Steuerung des Wissens im Unternehmen an, in dem altes Wissen durch neues ersetzt wird und dort verfügbar gemacht wird, wo es gebraucht wird. Es beschreibt nichts anderes als die Gestaltung und Verwaltung der organisationalen Wissensbasis auf Basis eines fortlaufenden Prozesses der Bestandsaufnahme von Wissen im Unternehmen[132].

Um zum Begriff Wissen zu gelangen, ist es zweckmäßig zwischen den Elementen Zeichen, Daten, Information und Wissen zu unterscheiden. Zeichen werden durch Syntaxregeln zu Daten, welche in einem gewissen Kontext interpretierbar sind und so für den Empfänger zu einer Information werden. Die Vernetzung von Informationen ermöglicht deren Nutzung in einem bestimmten Handlungsfeld, welches als Wissen bezeichnet werden kann. Die Qualität

---

[129] vgl. Argyris, 1990, S. 21 ff
[130] vgl. Probst et al, 1994, 78
[131] vgl. Pautzke, 1989, S. 143 ff
[132] vgl. Probst, 1999, S. 46 ff

des Wissens kann unterschieden werden durch das Hinzufügen zusätzlicher Ebenen wie Weisheit, Intelligenz oder Reflexionsfähigkeit[133]

Die Fähigkeit Daten in Wissen zu transformieren und dieses für das Unternehmen vorteilhaft einzusetzen, macht das Individuum zum zentralen Träger der organisationalen Wissensbasis. Allerdings beruhen die Erfolge einer Unternehmung nicht nur auf einzelnen Leistungen, denn ähnlich, wie in einem erfolgreichen Basketball-Team, das auch ein ausgeprägtes Verständnis der Spieler füreinander vereint, beruhen auch funktionale Prozesse in Organisationen auf einem erfolgreichen Zusammenspiel zahlreicher Beteiligter. Gelingt ihnen eine produktive Zusammenarbeit, so besitzt das Unternehmen eine organisationale Fähigkeit, die ein kollektives Element der organisationalen Wissensbasis bildet[134].

Wissen ist in diesem Kontext als die Gesamtheit der Kenntnisse und Fähigkeiten, die Individuen zur Lösung von Problemen einsetzen, zu verstehen. Es wird von Individuen konstruiert und repräsentiert deren Erwartungen über Ursache-Wirkungs-Zusammenhänge, die sowohl theoretische Erkenntnisse als auch praktische Alltagsregeln und Handlungsanweisungen umfassen. Wissen entwickelt sich aus Daten sowie Informationen und ist im Gegensatz zu diesen immer an Personen gebunden. Die organisationale Wissensbasis hingegen setzt sich aus individuellen und kollektiven Wissensbeständen zusammen, auf die eine Organisation zur Lösung ihrer Aufgaben zurückgreifen kann und umfaßt darüber hinaus, die Daten und Informationsbestände, auf die individuelles und organisationales Wissen aufbaut[135].

Der Prozess des Wissensmanagement stellt sich wie folgt dar. Zuerst werden die *Wissensziele* definiert. Sie werden normativ, strategisch und operational formuliert. Die normativen Ziele richten sich auf die Schaffung einer wissensbewussten Unternehmenskultur. Die strategischen Ziele definieren organisationales Kernwissen und beschreiben damit den zukünftigen Kompetenzbedarf eines Unternehmens. Die operativen Wissensziele sichern die Umsetzung des Wissensmanagement durch eine Konkretisierung der normativen und strategischen Zielvorgaben. Im nächstem Schritt erfolgt die interne und externe *Wissensidentifikation*. Die externe Identifikation bezieht sich auf die Analyse und Beschreibung des Wissensumfeldes des Unternehmens, wohingegen die interne eine Bestandsaufnahme des im Unternehmen vorhandenen Wissens ist. Die Identifikation soll eine interne und externe Transparenz über vorhandenes Wissen schaffen. Die darauffolgende Phase des *Wissenserwerbs* prüft ob alle Potentiale des Wissenserwerbs ausgeschöpft sind. Der Wissenserwerb be-

---

[133] vgl. Probst, 1999, S. 36 ff
[134] vgl. Probst, 1999, S. 39 f
[135] vgl. Probst, 1999, S. 46

zeichnet die Rekrutierung von Experten oder die Akquisition von besonders innovativen Unternehmen, mit dem Ziel Wissen (Know-how) zu erwerben, das aus eigener Kraft nicht entwickelt werden kann. Komplementärer Baustein zum Wissenserwerb ist die Phase der *Wissensentwicklung*. In ihrem Mittelpunkt steht die Produktion neuer Fähigkeiten, neuer Produkte, besserer Ideen und leistungsfähigere Prozesse. Sie fördert das Entstehen von relevantem Wissen auch in allen Bereichen der Organisation, losgelöst von der klassischen Verankerung von Wissensentwicklungen in der Forschung und Entwicklung oder der Marktforschung. Der nächste Schritt der *Wissens(ver)teilung* beschreibt den Vorgang des Übergangs der Wissensbestände von der individuellen auf die Gruppen- bzw. Organisationsebene. Sie ist der Prozess zur Verbreitung bereits vorhandenen Wissens innerhalb des Unternehmens.

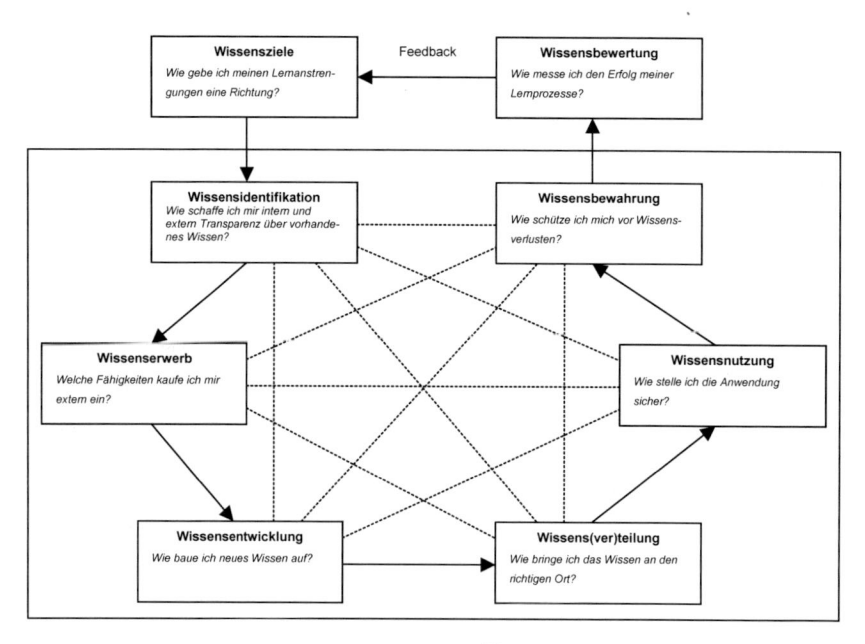

Wissensziele — Wie gebe ich meinen Lernanstrengungen eine Richtung?

Feedback

Wissensbewertung — Wie messe ich den Erfolg meiner Lernprozesse?

Wissensidentifikation — Wie schaffe ich mir intern und extern Transparenz über vorhandenes Wissen?

Wissensbewahrung — Wie schütze ich mich vor Wissensverlusten?

Wissenserwerb — Welche Fähigkeiten kaufe ich mir extern ein?

Wissensnutzung — Wie stelle ich die Anwendung sicher?

Wissensentwicklung — Wie baue ich neues Wissen auf?

Wissens(ver)teilung — Wie bringe ich das Wissen an den richtigen Ort?

Darstellung 10: Bausteine des Wissensmanagements[136]

Die darauffolgende *Wissensnutzung* beschreibt den produktiven Einsatz organisationalen Wissens. Dieser Schritt stellt die Nutzung des identifizierten Wissens durch die Organisationsmitglieder sicher. Im nächsten Schritt wird ein Schutz vor Wissensverlusten integriert, welcher der *Wissensbewahrung* dienen. Sie soll gewährleisten, dass einmal erworbene Fähigkeiten auch in Zukunft zur Verfügung stehen. Dieser Prozess beruht auf der effizienten

---

[136] vgl. Probst, 1999, S. 58

Nutzung verschiedenster organisationaler Speichermedien für Wissen. Die abschließende *Wissensbewertung* belegt die Wirksamkeit der beanspruchten Ressourcen und prüft ob diese im Verhältnis zu der erwarteten bzw. gewünschten Zielerreichung stehen. Diese Bewertung zeigt welche Qualität die formulierten Zielvorstellungen haben. Der Prozesskreislauf schließt sich mit der erneuten Definition von Wissenszielen[137].

Darstellung 10 stellt die Kernprozesse des Wissensmanagement dar, welche zusammen mit den Wissenszielen und der Wissensbewertung die Bausteine bzw. den Prozesskreislauf des Wissensmanagement bezeichnen.

Das Wissensmanagement ist also geprägt durch einen konstanten gemeinschaftlichen Problemlösungsprozess, welche die Effizienz bestehender Aktivitäten erhöht sowie individuelle Fähigkeiten und organisationale Prozesse zu neuem organisationalem Wissen kombiniert. Sie wird getragen von einem konstanten Experimentieren in Gruppen sowie von Prozessen des Wissensimports, die eine Erstarrung organisationaler Fähigkeiten verhindert und diese stets auf die Anforderungen der Umwelt ausrichtet[138].

5. Total Quality Management

5.1. Definition und Grundgedanke des Total Quality Management

Das Total Quality Management (TQM) ist die Ausrichtung der Unternehmenskultur auf die Unterstützung einer konstanten Erreichung von Kundenzufriedenheit durch ein integriertes System von Instrumenten, Verfahren und Schulungen, die eine fortlaufende Verbesserung der organisationalen Prozesse beinhaltet und sich in hoch qualitativen Produkten und Dienstleistungen widerspiegelt[139].

Beim TQM handelt es sich um einen ganzheitlichen Ansatz, der sich auf alle Funktionen der Unternehmung (Entwicklung, Konstruktion, Fertigung) sowie die Mitwirkung aller Mitarbeiter erstreckt, mit dem Ziel die Qualität von Produkten und Dienstleistungen kontinuierlich zu verbessern, um eine optimale Bedürfnisbefriedigung der Kunden und der Gesellschaft zu ermöglichen. Um aber den Bedürfnissen der Kunden und der Gesellschaft optimal entgegenzukommen, genügt es nicht mehr ihre bloßen Erwartungen zu erfüllen, sondern ihnen müssen zusätzlich interessante Anreize am Produkt oder an den produktbegleitenden Leistungen geboten werden[140]. Qualität muss daher in erster Linie zu einem Oberziel werden,

---

[137] vgl. Probst, 1999, S. 54 ff
[138] vgl. Probst, 1999, S. 44
[139] vgl. Sashkin et al., 1993, S. 39
[140] vgl. Scharnbacher et al., 1996, S. 43

das in der Kultur und im Leitbild des Unternehmens fest verankert ist[141], um das Unternehmen in die Lage versetzen zu können, diesen Anforderungen gerecht zu werden.
Der Grundgedanke von TQM findet sich am besten wieder in folgenden Äußerungen[142]:

- Qualität orientiert sich am Kunden oder wird von diesen bestimmt
- Qualität wird mit Mitarbeitern aller Bereiche und Ebenen erzielt
- Qualität umfaßt mehrere Dimensionen
- Qualität ist kein Ziel, sondern ein Prozess, der nie endet
- Qualität bezieht sich nicht nur auf Produkte, sondern auch auf Dienstleistungen
- Qualität ist keine Resultante, sondern Aktionsparameter

Um die komplexen Auffassungen von TQM zu realisieren, wird es als ein sozio-technisches System aufgefaßt. Dieses besteht aus zwei Subsystemen, einem sozialen und einem technischen sowie aus deren gegenseitigen Beziehung[143] (Vgl. Darstellung 11).

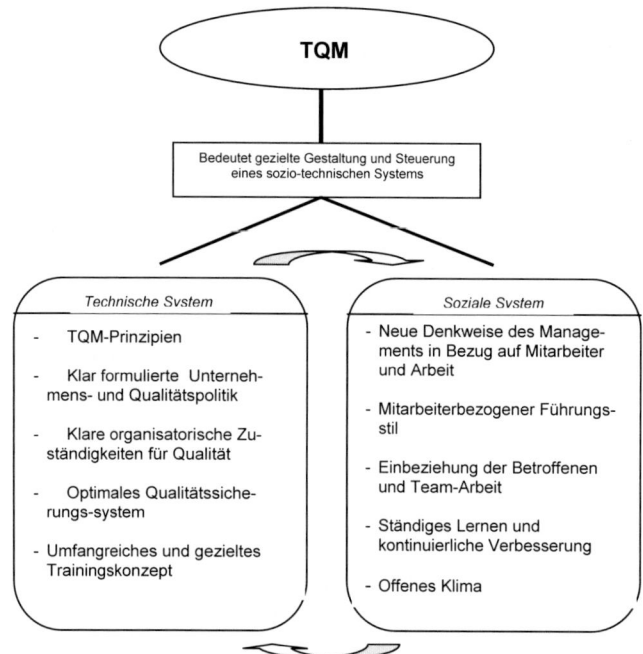

```
                        ┌─────────┐
                        │   TQM   │
                        └────┬────┘
                             │
            ┌────────────────┴────────────────┐
            │ Bedeutet gezielte Gestaltung    │
            │ und Steuerung eines             │
            │ sozio-technischen Systems       │
            └────────────────┬────────────────┘
                             │
              ┌──────────────┴──────────────┐
              │                             │
      Technische System              Soziale System
```

Technische System
- TQM-Prinzipien
- Klar formulierte Unternehmens- und Qualitätspolitik
- Klare organisatorische Zuständigkeiten für Qualität
- Optimales Qualitätssicherungs-system
- Umfangreiches und gezieltes Trainingskonzept

Soziale System
- Neue Denkweise des Managements in Bezug auf Mitarbeiter und Arbeit
- Mitarbeiterbezogener Führungsstil
- Einbeziehung der Betroffenen und Team-Arbeit
- Ständiges Lernen und kontinuierliche Verbesserung
- Offenes Klima

Darstellung 11: TQM als sozio-technisches System[144]

---

[141] vgl. Sashkin et al., 1993, S. 39
[142] vgl. Scharnbacher et al., 1996, S. 44, 51
[143] vgl. Scharnbacher et al., 1996, S. 44
[144] vgl. Scharnbacher et al., 1996, S. 45

Das soziale Subsystem von TQM besteht im wesentlichen aus einer mitarbeiterorientierten Denkweise des Managements, die auf einem mitarbeiterbezogenem Führungsstil, der Einbeziehung von Betroffenen, Team-Arbeit, ständigem Lernen, einer kontinuierlichen Verbesserung und einem offenen Klima beruht[145].

Das technische System von TQM besteht im wesentlichen aus den TQM-Prinzipien, einer klar formulierten Unternehmens- und Qualitätspolitik, klaren Zuständigkeiten für Qualität, einem optimalen Qualitätssicherungs-System und einem umfangreichen und gezielten Trainingskonzept[146].

Im Total Quality Management wird der Qualitätsbegriff zu einer Unternehmensphilosophie, die zufriedene Kunden als oberstes Ziel sieht und dabei alle Bereiche und Tätigkeiten des Unternehmens in einen Prozess kontinuierlicher Verbesserung einbezieht[147]. In diesem Konzept gilt die Idee des Mitarbeiters als internen Kunden als Grundpfeiler zur Umsetzung der Kundenorientierung im gesamten Prozess der innerbetrieblichen Leistungserstellung. Hieraus ergibt sich der wesentliche Vorteil, dass die Kundenorientierung während des gesamten Leistungsprozesses nicht verloren geht[148].

Somit kommt der Kundenzufriedenheit als Ziel des TQM eine überragenden Bedeutung zu[149], die getragen wird von einer Mitarbeiterzufriedenheit, die ebenfalls in ihren Bedürfnissen als interne Kunden optimal befriedigt werden wollen, was zu einer kontinuierlichen qualitativen Verbesserung der gesamten unternehmerischen Leistung führt.

6. Zusammenfassung

Die vorangegangenen Ausführungen haben gezeigt, dass die Organisationswicklung im wesentlichen mit ihren Modellen auf eine Veränderung der Verhaltensweisen, Überzeugungen, Werte und Strukturen der Organisation im Ganzen sowie aller Organisationsmitglieder ausgerichtet ist. Jeder Mitarbeiter trägt Mitverantwortung, die ihn anregt fortwährend über die Kultur, Geschichte und Anpassungsdynamik der Organisation zu reflektieren. Dieser fortlaufende Prozess der Infragestellung routinemäßiger Abläufe versetzt die Organisation in die Lage, sich neuen Technologien, Märkten und Herausforderungen anzupassen.
Der Prozess der Organisationsentwicklung versetzt somit die Organisation auch in die Lage als Ganzes Fehler zu entdecken, diese zu korrigieren sowie die organisationale Wert- und Wissensbasis zu verändern, so dass neue Problemlösungs- und Handlungsfähigkeiten er-

---

[145] vgl. Scharnbacher et al., 1996, S. 47
[146] vgl. Scharnbacher et al., 1996, S. 45
[147] vgl. Scharnbacher et al., 1996, S. 35
[148] vgl. Meffert, 1998, S. 1033
[149] vgl. Föhrenbach, 1995, S. 5

zeugt werden können. Sie schafft demnach die Voraussetzung zur Entwicklung von Fähigkeiten, die eine lernende Organisation benötigt. Wodurch die Organisationsentwicklung die Grundlage organisationalen Lernens wird.

Eine lernende Organisation erlangt neues Wissen durch die Korrektur von Fehlern und verändert dadurch deren Wissensbasis. Das Wissensmanagement steuert die Verwaltung dieses Wissens durch einen fortlaufenden Prozess der Bestandsaufnahme. Es sorgt dafür, dass altes Wissen durch neues ersetzt wird und dort verfügbar gemacht wird, wo es gebraucht wird. Wissensmanagement ist demnach die Gestaltung und Verwaltung der organisationalen Wissensbasis, die nur dann notwendig wird, wenn fortlaufende Veränderungen aufgrund von organisationalen Lernprozessen vorliegt. Somit wird organisationales Lernen zum Auslöser von Wissensmanagement.

Das TQM fügt sich in dieses Gesamtbild ein, in dem es die Rahmenbedingungen schafft, welche die Prozesse der Organisationsentwicklung, des organisationalen Lernens und des Wissensmanagement auf den internen und externen Kunden unter dem Aspekt der Qualität ausrichtet. Sie richtet die Organisationsentwicklung, das organisationale Lernen sowie das Wissensmanagement auf eine optimale Befriedigung der internen und externen Kundenbedürfnisse aus, um somit eine höchstmögliche Zufriedenheit externer Kunden zu gewährleisten.

In diesem Zusammenhang werden die Organisationsentwicklung als Verhaltensänderungsinstrument der Organisationsmitglieder, das organisationale Lernen als Instrument der Wissensentwicklung, das Wissensmanagement als Instrument der Wissensverteilung und das TQM als Instrument der Ausrichtung auf den Kunden, zu den wesentlichsten organisationalen Prozessen, die im ganzheitlichen Ansatz von CRM zu berücksichtigen sind.

E. Die *Organisation* als zu berücksichtigendes Element im ganzheitlichen Ansatz von CRM

1. Einführung

Nachdem die Elemente der organisationalen Prozesse identifiziert wurden, die in diesem ganzheitlichen Ansatz berücksichtigt werden, gilt es als letztes zu berücksichtigendes Element, die Instrumente der Organisation vorzustellen. Die Organisation ist in sofern zu berücksichtigen, da in ihr die organisationalen Prozesse stattfinden. Daher soll die Organisation in diesem Abschnitt unter motivationalen Aspekten betrachtet werden. Begonnen wird mit der Unternehmenskultur, da sie einen grundlegenden Einfluss auf die Prozesse nimmt und entsprechend auch gestaltet bzw. umgestaltet werden sollte. Auch wenn die Organisationsentwicklung in ihrer Durchführung ebenfalls auf eine Veränderung der Unternehmenskultur ausgerichtet ist, erklärt sie dennoch nicht die Natur der Kultur. Ergänzt werden die Ausführungen über die Kultur durch das Unternehmensleitbild und den Menschenbildern, da diese die Grundeinstellungen der Kultur prägen sowie dem internen Marketing welches die Entwicklung der Kultur mit steuern kann.

Darauffolgend wird das situative Organisationsmodell von Kieser/Kubicek kurz vorgestellt, da dieses die Zusammenhänge in der Gestaltung bzw. Umgestaltung einer Organisation beschreibt, welche die organisationalen Prozesse u.U. initiieren könnten. In diesem Rahmen soll dann die Netzwerkorganisation als formale Struktur vorgestellt werden sowie deren motivationalen Charakter. Abschließend wird kurz auf die Führungsstile eingegangen werden, sie sollen das Bild über die Organisation vervollständigen.

2. Unternehmenskultur

2.1. Definition und Grundgedanke

"Kultur wird in einem sozialen System als erworbenes Wissens- und Erkenntnissystem verstanden, zur Interpretation der Erfahrungen und zur Generierung von Handlungen. Es ist ein Netz von Werten, Glaubensvorstellungen, kognitiver und normativer Orientierungsmuster, die das System auf geistiger Ebene zusammenhalten. (...) Inhaltlich bestimmt die Kultur, was in einem Unternehmen welchen Stellenwert hat, was als positiv oder negativ zu gelten hat, wie über die Vergangenheit gedacht und was in Zukunft für die Zukunft zu tun wäre[150]."

Zusammenfassend lässt sich die Kultur in der Organisation im wesentlichen dadurch charakterisieren, daß sie auf erworbenes Wissen und Erkenntnissen basiert, die entstanden sind aus gelernten Reaktionen gegenüber Problemen zum Überleben in der Umwelt und aus Problemen der internen Integration, woraus sich ein Werte- und Normensystem entwickelte, das die Überführung des erworbenen Wissens und der Erkenntnisse in die Gegenwart ermöglichte und daher von möglichst vielen Organisationsmitglieder geteilt werden kann.

Um zu erfassen welche Variablen die Kultur einer Organisation bzw. dessen Werte- und Normensystem prägen, wird sie als ein Produkt verstanden, das sich zusammensetzt aus den Teilprodukten *Artefakte* (z.B. Architektur, Möbel, Raumaufteilungen, Statussymbole, verwendete Arbeitsmittel, Dokumente, hergestellte Produkte oder typische Kleidung), *kollektiven verbalen Verhaltensweisen* (Sprache im Allgemeinen und speziell tradierte Sagen, Legenden, Mythen, Geschichten Jargon und Humor) und *non-verbalen Verhaltensweisen* (Riten, Rituale und Zeremonien)[151].

---

[150] Klimeckiet al., 1990, S. 42
[151] vgl. Sackmann, 1990, S. 156

Diese Teilprodukte hat Edgar H. Schein drei Kulturebenen zugeordnet. Die unterste Ebene betrachtet die grundlegenden Annahmne (Basisannahmen). Sie stellt die Basis einer Kultur dar und besteht aus einem Satz grundlegender Orientierungs- und Vorstellungsmuster, welche die Wahrnehmung und das Handeln der Organisationsmitglieder leiten. Sie beschreiben die selbstverständlichen Orientierungspunkte organisatorischen Handels, die unbewußt ohne darüber nachzudenken, ganz automatisch verfolgt werden[152].

Die zweite Ebene spiegelt die Werte (Normen und Standards) wider, welche die Kultur prägt und nach denen sich das Verhalten der Organisationsmitglieder ausrichtet bzw. orientiert. Es handelt sich bei ihnen um ungeschriebene Parolen und Verhaltensrichtlinien im Umgang der Organisationsmitglieder untereinander bzw. miteinander[153].

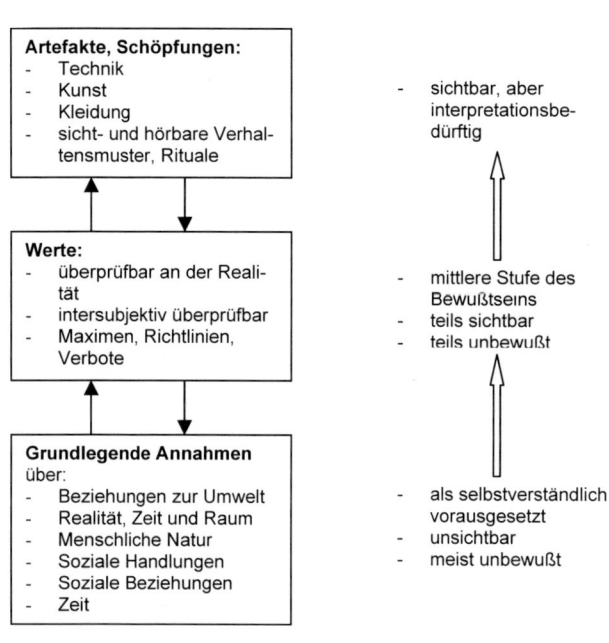

Artefakte, Schöpfungen:	
- Technik - Kunst - Kleidung - sicht- und hörbare Verhaltensmuster, Rituale	- sichtbar, aber interpretationsbedürftig
Werte:	
- überprüfbar an der Realität - intersubjektiv überprüfbar - Maximen, Richtlinien, Verbote	- mittlere Stufe des Bewußtseins - teils sichtbar - teils unbewußt
Grundlegende Annahmen über: - Beziehungen zur Umwelt - Realität, Zeit und Raum - Menschliche Natur - Soziale Handlungen - Soziale Beziehungen - Zeit	- als selbstverständlich vorausgesetzt - unsichtbar - meist unbewußt

Darstellung 12: Die drei Ebenen der Unternehmenskultur nach Schein[154]

Die dritte Ebene hat mit ihren Artefakten und Schöpfungen (Symbolsystem) die Aufgabe die vorangegangenen Ebenen an neue Organisationsmitglieder weiterzugeben sowie bei den alten auszubauen. Diese Weitergabe geschieht z.B. in dem Erzählen von Geschichten und

---

[152] vgl. Schreyögg, 1999, S. 440
[153] vgl. Schreyögg, 1999, S. 440; Staehle, 1999, S. 442
[154] vgl. Schreyögg, 1999, S. 440; Staehle, 1999, S. 499

Legenden oder das Durchführen von Ritualen und Riten[155]. Oder anhand von erklärungsbedürftigem Wandschmuck, einer Kleiderordnung sowie Büroaufteilung und Büroeinrichtung. Die Darstellung 12 zeigt die drei Kulturebenen noch einmal im Überblick und deutet deren Wechselbeziehung an.

2.2. Unternehmensleitbilder als Träger der Unternehmenskultur

Wie bereits im vorangegangen Punkt ausgeführt, bezieht sich die zweite Kulturebene auf die Werte innerhalb einer Organisation, die in ungeschriebenen Parolen und Verhaltensrichtlinien wiedergegeben wird. Eine Beeinflussung dieser Kulturebene kann erreicht werden, durch eine schriftliche Formulierung dieser Verhaltensrichtlinien in Form von Managementphilosophien oder Führungsgrundsätzen[156]. Dadurch bekommen die Organisationsmitglieder eine Argumentationsgrundlage in problematischen Verhaltensphasen und spiegeln so auch die angestrebte Verhaltensänderung der Organisationsentwicklung für alle Mitglieder verfügbar wider.

Sie könnten Bestandteil des obersten Leitbilds einer Organisation werden, seiner Unternehmensphilosophie. Die den einzelnen Mitgliedern eine konkrete gemeinsame Zielausrichtung vermittelt, an der sich deren grundsätzliches Verhalten wie gerade beschrieben orientiert, in dem sie "(...) eine klare Auflistung und Definition von permanenten Werten und Zielen einer Institution [erhalten]"[157].

Ein wesentlicher Faktor für die Orientierung der Mitglieder an dem Leitbild ist die Vorbildfunktion der Unternehmensführung, denn nur wenn sich das Topmanagement ebenfalls entsprechend den aufgestellten Unternehmensgrundsätzen verhält, werden auch die anderen Organisationsmitglieder die Unternehmensphilosophie annehmen[158].

Ein weiterer Faktor der zur gelebten Akzeptanz der Unternehmensphilosophie führt, ist die Beteiligung der Mitglieder an der Entwicklung dieses Leitbildes, was zu einer Identifikation mit dem Inhalt durch einen Großteil der Organisationsmitglieder führt[159].

Die gemeinsame Konstruktion des Leitbildes ist gleichzusetzen mit dem Erstellen eines Mythos, der von dem geänderten Werte- und Normensystem in die Zukunft überführt wird und somit Bestandteil der Unternehmenskultur ist. Eine Kultur, die sich dann auch widerspiegeln wird in Form von Riten, die sich durch den Inhalt bzw. einer gelebten Unternehmensphilosophie ergeben. Somit hat der Inhalt und die Art der Entwicklung des Unternehmensleitbilds einen wesentlichen Einfluß auf das Interesse für ihre Arbeit und der Identifikation mit der Organisation. Denkbar wäre in diesem Zusammenhang auch "Abteilungsleitbilder" zu kreieren

---

[155] vgl. Schreyögg, 1999, S. 440; Staehle, 1999, S. 444 f
[156] vgl. Schreyögg, 1999, S. 443
[157] Probst et al., 1994, S. 140 f
[158] vgl. Meffert -1998, S. 1022
[159] vgl. Probst et al., 1994, S. 141

in Zusammenarbeit mit den Mitarbeitern, die dann auch zusammen immer wieder den neuen Ansprüchen angepasst wird. Sie würden Verhaltenskriterien im Umgang mit anderen Abteilungen beinhalten sowie Verhaltensregelungen die auf die Abteilung selbst gerichtet sind und sich auf Mitarbeiter wie Führungskraft bezieht.

2.3. Menschenbilder als Träger der Unternehmenskultur

Die erste Ebene der Unternehmenskultur beinhaltet den Aspekt der Annahmen über die menschliche Natur[160]. Diese Annahmen betreffen die Eigenschaften, Bedürfnisse, Motive, Erwartungen und Einstellungen von Organisationsmitgliedern. Die Gesamtheit dieser Annahmen über den Menschen in Organisationen wird als Menschenbild bezeichnet. In der Praxis beschreiben sie die Auffassungen eines Vorgesetzten von der Persönlichkeit der Untergebenen und umgekehrt[161].

Im folgenden sollen die Theorien zum Menschenbild von McGregor vorgestellt werden.

McGregor geht von zwei extremen gegensätzlichen Menschenbildern aus und nennt diese Theorie X und Theorie Y. Die auf der Annahme beruhen, dass jede Führungsentscheidung auf einer Reihe von Hypothesen über die menschliche Natur und menschliches Verhalten beruht[162].

Die wichtigsten Annahmen der Theorie X sind:
- Der Mensch hat eine angeborene Abscheu vor der Arbeit und versucht, sie so weit wie möglich zu vermeiden
- Deshalb müssen die meisten Menschen kontrolliert, geführt und mit Strafandrohung gezwungen werden, einen produktiven Beitrag zur Erreichung der Organisationsziele zu leisten
- Der Mensch möchte gern geführt werden, er möchte Verantwortung vermeiden, hat wenig Ehrgeiz und wünscht vor allem Sicherheit

Demgegenüber stehen die wichtigsten Annahmen der Theorie Y:
- Der Mensch hat keine angeborene Abneigung gegen Arbeit, im Gegenteil, Arbeit kann eine wichtige Quelle der Zufriedenheit sein
- Wenn der Mensch sich mit den Zielen der Organisation identifiziert, sind externe Kontrollen unnötig; er wird Selbstkontrolle und eigene Initiative entwickeln

---

[160] vgl. Schreyögg, 1999, S. 441
[161] vgl. Staehle, 1999, S. 191
[162] vgl. Staehle, 1999, S. 191 f

- Die wichtigsten Arbeitsanreize sind die Befriedigung von Ich-Bedürfnissen und das Streben nach Selbstverwirklichung
- Der Mensch sucht bei entsprechender Anleitung eigene Verantwortung. Einfallsreichtum und Kreativität sind weitverbreitete Eigenschaften in der arbeitenden Bevölkerung; sie werden jedoch in industriellen Organisationen kaum aktiviert.

McGregor argumentiert im Punkte der Theorie X basierend auf der Maslowschen Bedürfnispyramide, dass diese keineswegs dem entspricht, was Menschen in Wirklichkeit denken wollen. Daher geraten diejenigen Gestaltungsmaßnahmen, die sich auf Theorie X beziehen in einen Widerspruch zu den menschlichen Bedürfnissen. Daraus kann sich eine Negativ-Spirale in der Organisation einpendeln, welche langfristig zu Passivität und Desinteresse der Mitarbeiter führt aufgrund von Enttäuschungen, Verbitterung und Abkapselung ("innere Kündigung"). Die wiederum zu einer Bestätigung der Theorie X führt aus der Sichtweise der Führungskräfte[163].

Demgegenüber steht ein Positiv-Zirkel, der sich ergibt, wenn die Theorie Y abgenommen wird. Hier bietet eine bedürfnisgerechte Organisationsgestaltung dem Mitarbeiter die Möglichkeit der Entfaltung in der Arbeit, was bei ihm Aktivität und Engagement auslöst, wodurch die Führungskräfte in ihrer Annahme der Theorie Y ebenfalls bestätigt werden[164].

Die Art und Weise, wie Manager über Mitarbeiter denken, welches Menschenbild sie haben, vor allem ihre Annahmen darüber was Mitarbeiter motiviert, beeinflusst ganz entscheidend ihr Führungsverhalten, welches auf alle Organisationsmitglieder abstrahlt, wodurch auch die erste Ebene der Unternehmenskultur geprägt wird.

2.4. Prägung der Kultur durch Instrumente des internen Marketings

Die Instrumente des internen Marketings sind geeignet, um eine Philosophie zu erhalten, die das Aufdecken von Fehlern und deren Korrektur zur obersten Prämisse macht, wodurch eine Kultur der offenen Atmosphäre des Vertrauens fortwährend vergegenwärtigt wird. In dieser Kultur werden diese Instrumente zu Riten bzw. Zeremonien, die Legenden und Mythen fortwährend aktualisieren. Außerdem wird der Qualitätsbegriff in antizyklischen Abständen durch die Maßnahmen des internen Marketings vergegenwärtigt sowie die Ausrichtung der Organisationsmitglieder erneuert. Somit werden, die unter Abschnitt D. vorgestellten organisationalen Prozesse durch die Instrumente des internen Marketings unterstützt, wodurch dieses Instrument unverzichtbar wird in der Prägung und dem Erhalt kultureller Strukturen. Ein weiterer Effekt ist, dass der Mitarbeiter das Gefühl bekommt, dass seine Meinung wirklich wich-

---

[163] vgl. Schreyögg, 1999, S. 223
[164] vgl. Schreyögg, 1999, S. 226

tig ist, wodurch ihr Interesse an der Arbeit und ihre Identifikation mit dem Unternehmen erhalten wird.

Folgende Instrumente stellt das interne Marketing zur Verfügung[165]:

- *Internes Training* - Permanente Schulungen für neue als auch bereits vorhandene Mitarbeiter, um einen hohen Kenntnisstand bzgl. der Unternehmenskultur, -philosophie und -aktivitäten zu gewährleisten
- *Interne, interaktive Kommunikation* - Pflegen enger Kontakte in Dialogform zwischen Führungsspitze und Kundenkontaktpersonal auf unteren "Ebenen"
- *Interne Massenkommunikation* - Bekanntmachung zentraler Unternehmensaktivitäten durch eine regelmäßige Berichterstattung in Form von Rundschreiben oder Mitarbeiterzeitungen, die das Informationsbedürfnis der Mitarbeiter befriedigen sollen
- *Personalmanagement* - Ausrichtung sämtlicher Maßnahmen der Personalpolitik an den Grundsätzen der Mitarbeiter- und Kundenzufriedenheit
- *Interne Marktforschung* - Regelmäßige Abfrage der Wünsche und Vorstellungen der Mitarbeiter in Form von persönlichen Interviews und Befragungen, um Verbesserungsvorschläge umsetzen zu können
- *Interne Marktsegmentierung* - Gewährleistung einer spezifischen Ansprache der jeweiligen Mitarbeiterzielgruppe durch die Segmentierung aktueller (und auch potentieller) Mitarbeiter innerhalb der Unternehmung

3. Situatives Organisationsmodell

3.1. Definition formale Organisation und Grundgedanke des situativen Ansatzes

"Eine Organisation ist ein soziales Gebilde, welches dauerhaft ein Ziel verfolgt und eine formale Struktur[166] aufweist, mit deren Hilfe Aktivitäten der Mitglieder auf das verfolgte Ziel ausgerichtet werden sollen[167]."

Eine formale Organisation ist also im wesentlichen gekennzeichnet durch die Koordination und Ausrichtung der Aktivitäten der Mitglieder auf ein dauerhaft gemeinsam zu verfolgendes Ziel, mittels einer hierarchisch geordneten Autorität.

Der situative Ansatz von Kieser/Kubicek geht davon aus, dass die Situation der Organisation Auswirkungen hat bzw. haben sollte auf die formale Organisationsstruktur und dass diese

---

[165] vgl. Meffert, 1998, S. 1031
[166] Die formale Struktur ist hier zu verstehen als ein System von geltenden Regelungen für die Steuerung von Leistungen und Verhalten der Organisationsmitglieder (vgl. Kieser et al., 1992, S. 23)
[167] Kieser et al., 1992, S. 4

wiederum Einfluss nimmt auf das Verhalten der Organisationsmitglieder, welche für die Effizienz der Organisation tragend sind. Darüber hinaus nimmt die Situation der Organisation natürlich ebenfalls Einfluss auf das Verhalten seiner Mitglieder und die Effizienz der Organisation und die Organisationsstruktur ebenfalls auf die Effizienz einwirkt (Vgl. Darstellung 13).

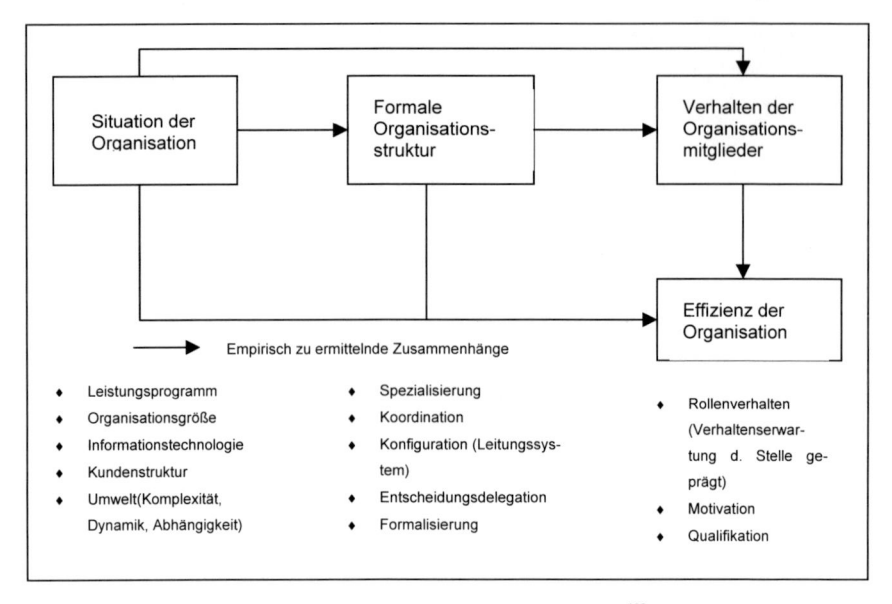

```
┌─────────────┐     ┌─────────────┐     ┌─────────────┐
│ Situation   │     │ Formale     │     │ Verhalten   │
│ der         │────▶│ Organisa-   │────▶│ der Organi- │
│ Organisation│     │ tions-      │     │ sations-    │
│             │     │ struktur    │     │ mitglieder  │
└─────────────┘     └─────────────┘     └─────────────┘
                                                │
                                                ▼
                                        ┌─────────────┐
                                        │ Effizienz   │
                                        │ der         │
                                        │ Organisation│
                                        └─────────────┘
```

──▶ Empirisch zu ermittelnde Zusammenhänge

- Leistungsprogramm
- Organisationsgröße
- Informationstechnologie
- Kundenstruktur
- Umwelt(Komplexität, Dynamik, Abhängigkeit)

- Spezialisierung
- Koordination
- Konfiguration (Leitungssystem)
- Entscheidungsdelegation
- Formalisierung

- Rollenverhalten (Verhaltenserwartung d. Stelle geprägt)
- Motivation
- Qualifikation

Darstellung 13: Modell des situativen Ansatzes nach Kieser/Kubicek[168]

Die Situation der Organisation wird von Kieser/Kubicek differenziert nach Dimensionen der internen Situation und der externen Dimension.

Die Dimensionen der internen Situation gliedert sich in gegenwartsbezogene und vergangenheitsbezogene Faktoren. Die gegenwartsbezogenen Faktoren beinhalten das Leistungsprogramm, die Größe, Fertigungs- und Informationstechnologie sowie die Rechtsform und Eigentumsverhältnisse der Organisation. Die vergangenheitsbezogenen Faktoren beziehen sich auf das Alter der Organisation, Art der Gründung sowie dem Entwicklungsstadium der Organisation.

Die Dimensionen der externen Situation gliedern sich in die aufgabenspezifische Umwelt und der globalen Umwelt. Die aufgabenspezifische Umwelt umfaßt die Konkurrenzverhältnisse,

---

[168] vgl. Kieser et al. 1992, S. 57

die Kundenstruktur sowie die technologische Dynamik. Die globale beschäftigt sich mit den gesellschaftlich-kulturellen-Bedingungen[169].

Im Rahmen eines ganzheitlichen Ansatzes von CRM wie er in dieser Diplomarbeit eingegrenzt wurde, ändert sich die Situation der Organisation in einem fortlaufenden Anpassungsprozess an die Bedürfnisse der Kunden, um deren optimalen Zufriedenheit zu erreichen. Dieses hat Auswirkungen auf das Leistungsprogramm und die Informationstechnologie der gegenwartsbezogenen Faktoren der Dimensionen der internen Situation. Sie fordert aber auch einen Einbezug der Kundenstruktur und der technologischen Dynamik als Dimensionen der externen Situation.

Die Anpassung der Organisation an die Situation nimmt Einfluß auf dessen Struktur, die sich anhand folgender Kriterien definieren lässt:

Spezialisierung[170] (Arbeitsteilung)
Die Organisation gliedert die zur Erreichung ihrer Ziele notwendigen Aktivitäten auf und verteilen sie auf die einzelnen Mitglieder (Arbeitsteilung) und bildet das strukturelle Grundprinzip, das eine rationale (wirtschaftliche) Zielerreichung sichern soll. Spezialisierung hingegen ist die Form der Arbeitsteilung, bei der Teilaufgaben unterschiedlicher Art entstehen, sie wird auch als Artenteilung verstanden. Der Grad der Spezialisierung wird gemessen an der Anzahl der Stellen, wobei jede Stelle einer zugewiesenen Teilaufgabe entspricht. Hoch spezialisierte Stellen erfordern nur eine kurze Einarbeitungszeit. Die Überlegungen lassen sich auch transferieren auf die Bildung von Abteilungen.

Koordination[171]
Durch die Aufteilung der Gesamtheit der zur Leistungserstellung notwendigen Aktivitäten auf eine größere Anzahl von Mitgliedern überblickt der einzelne in der Regel nicht mehr alle Aktivitäten, was einen Bedarf an Koordination erzeugt. Dazu gehört die Berücksichtigung arbeitsbezogener Abhängigkeiten (Interdependenzen) sowie die Ausrichtung der Leistung der einzelnen Organisationsmitglieder auf die Organisationsziele. Koordination erfolgt als vorausschauende Abstimmung (Vorauskoordination) und zum anderen als Reaktion auf Störungen (Feedbackkoordination). Die Instrumente der Koordination sind a) Koordination durch persönliche Weisung, b) Koordination durch Selbstabstimmung, c) Koordination durch Programme und c) Koordination durch Pläne.

---

[169] vgl. Kieser et al., 1992, S. 209
[170] vgl. Kieser et al., 1992, S. 75 ff
[171] vgl. Kieser et al., 1992, S. 95 ff

Konfiguration[172] (Leitungssystem)
Sie erfasst die äußere Form des Stellengefüges. Sie wird auch als Leitungssystem bezeichnet, da bei der Analyse der äußeren Form des Stellengefüges den mit Entscheidungs- und Weisungskompetenzen ausgestatteten Instanzen besondere Beachtung geschenkt wird. Bei der Analyse der Konfiguration geht es um Merkmale des Stellengefüges, die unter anderem in einem Organisationsschaubild (Organigramm) abgebildet werden können.

Entscheidungsdelegation[173]
Sie ist die umfangmäßige Verteilung der Entscheidungsbefugnisse in einer Organisation. Wobei unter Entscheidungsbefugnissen das Recht zu verstehen ist, zukünftige Sachverhalte für die Organisation nach innen und/oder außen verbindlich festzulegen.

Formalisierung[174]
Sie beschreibt den Einsatz schriftlich fixierter organisatorischer Regeln in Form von Organisationsschaubildern, -handbüchern, Richtlinien, Stellenbeschreibungen etc.. Diese Formale Regeln verfolgen den Zweck zur Erreichung bestimmter Ziele und sind als unpersönlich zu verstehen, da sie unabhängig von einzelnen Individuen gelten und offiziell sind, da sie von der Kerngruppe autorisiert wurden.
Drei Teildimensionen der Formalisierung sind zu unterscheiden:
Strukturformalisierung: Einsatz schriftlich fixierter organisatorischer Regeln in Form von Schaubildern, Handbüchern, Stellendefinition ("role definition"), Abgrenzung einzelner Stellen sowie Verfahren
Aktenmäßigkeit: Richtlinien auf den Einzelfall bezogene schriftliche Weisungen wie Praxis Dienstanweisungen, Mitteilungen, Vorstandsbeschlüsse, hier sind Regelungen zusammengefasst, die vorsehen, dass bestimmte Kommunikationsprozesse schriftlich zu erfolgen haben, zum Zweck einer möglichst eindeutigen Feststellung von Fehlern.
Leistungsdokumentation: Sie erstreckt sich auf dem Umfang der Regelungen, die eine schriftliche Leistungserfassung und -beurteilung vorschreiben, mit dem Ziel eine möglichst gerechte und transparente Gehaltsfindung und Beförderungsregelung zu gestalten. Instrumente hierfür sind, Mitarbeitergespräche, Arbeitszeitkarten, Arbeits- und Lohnzettel in der Fertigung, Arbeitsstatistiken etc..

Die vorangestellten Dimensionen zur Gestaltung der Organisationsstruktur, die ausgelöst werden durch eine veränderte Situation der Organisation, müssen bei der Organisationsent-

---

[172] vgl. Kieser et al., 1992, S. 126 ff
[173] vgl. Kieser et al., 1992, S. 153 ff
[174] vgl. Kieser et al., 1992, S. 159 ff

wicklung mit analysiert bzw. berücksichtigt werden, da sie das Verhalten der Organisationsmitglieder mit prägt und somit auf die gewünschte Effizienz der Organisation Einfluss nimmt.

3.2. Die Netzwerkorganisation als formale Struktur der Organisation

Das Konzept der *Netzwerkorganisation* stammt aus der Konzernorganisation und beschreibt ein Unternehmensnetzwerk, das "(...) eine intermediäre Organisationsform ökonomischer Aktivitäten zwischen Markt und Hierarchie dar[stellt], "die sich durch komplex-reziproke, eher kooperative denn kompetitive und relativ stabile Beziehungen zwischen rechtlich selbständigen, wirtschaftlich jedoch zumeist abhängigen Unternehmen auszeichnet" (*Sydow* 1992, S. 79)."[175]

Wird dieses Konzept auf die Organisation an sich transferiert, so sind die einzelnen Organisationseinheiten als selbständige Einheiten zu betrachten, die eigenständig Leistungen erstellen, dessen Abnehmer entweder Organisationsintern oder -extern zu finden sind. Damit diese Leistungserstellung fortwährend durch die Korrektur von Fehlern verbessert wird, findet ein reger Austausch von Informationen außerhalb hierarchischer Strukturen statt.

Hierfür sind die Organisationseinheiten lose gekoppelt und die Beziehungen nach außen nicht fixiert, so daß Koalitionen jeglicher Art jederzeit entstehen können. D.h. also wenn Informationen benötigt werden, wird sich direkt an die zuständige Person oder Organisationseinheit gewendet ohne Einhaltung eines u.U. hierarchisch vorgeschriebenen "Dienstwegs". Dadurch wird die Kommunikation sowie die zwischenmenschlichen Beziehungen innerhalb der Organisation gefördert, wodurch Entscheidungen schneller getroffen werden können, da jeder sich jedem gegenüber verpflichtet fühlt, ihn am eigenem Wissen teilhaben zu lassen[176].

Die Netzwerkorganisation bildet somit die Grundlage einer informellen heterarchischen Organisationsstruktur, in welcher sich die hierarchischen Strukturen je nach Bedarf umkehren lassen und je nach Situation, die hierarchische Ordnung ausschlaggebenden Kriterien, wie z.B. Kompetenz von Fall zu Fall verschieden sein können[177]. Sie unterstützt demnach die Fehlererkennung bzw. Fehlerbehebung im Sinne des organisationalen Lernens und macht Wissen verfügbarer im Sinne des Wissensmanagement.

---

[175] Staehle, 1994, S. 713
[176] vgl. Probst et al., 1994, S. 127 ff
[177] vgl. Probst, 1993, S. 495

3.3. Führungsstile

Das Verhalten der Organisationsmitglieder wird ebenfalls stark geprägt durch das Führungsverhalten. Das Führungsverhalten der Führungskräfte steht wiederum auch in Abhängigkeit zu deren Menschenbild (Vgl. Punkt 2.3.) und hat somit auch Auswirkungen auf die Gestaltung bzw. Leben der ersten Ebene der Unternehmenskultur (Vgl. Punkt 2.1.). Im Sinne der organisationalen Prozesse ist ein eher demokratischer Führungsstil (Vgl. Darstellung 14) angebracht, um die Organisationsmitglieder zu ermutigen Fehler zu entdecken und gemeinsam zu korrigieren sowie deren Verhalten positiv in Bezug auf den Kunden anzupassen, mit Bezug auf die Erhaltung bzw. Verbesserung der Qualität. Dies setzt allerdings auch eine Lernbereitschaft (Deutero-Learning) aller Organisationsmitglieder voraus, was ebenfalls die Führungkräfte und das Topmanagement einbezieht, denn sie stellen die Vorbilder dar an denen sich Mitarbeiter orientieren und mit denen sie sich identifizieren können[178].

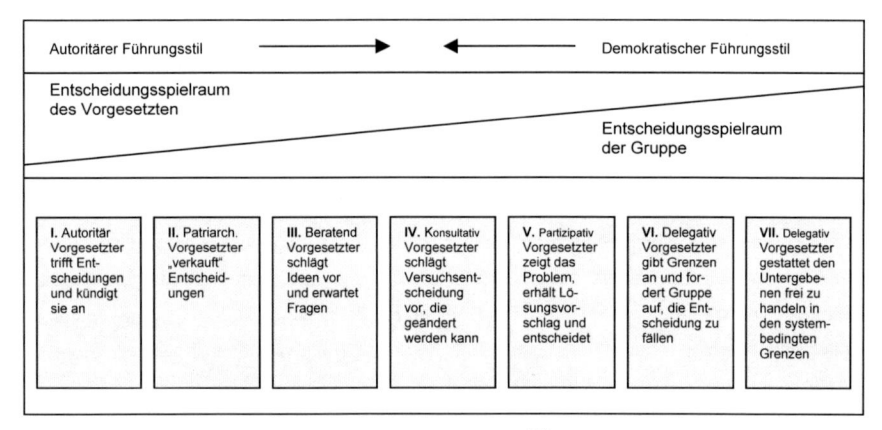

Autoritärer Führungsstil							Demokratischer Führungsstil
Entscheidungsspielraum des Vorgesetzten						Entscheidungsspielraum der Gruppe	
I. Autoritär Vorgesetzter trifft Entscheidungen und kündigt sie an	II. Patriarch. Vorgesetzter „verkauft" Entscheidungen	III. Beratend Vorgesetzter schlägt Ideen vor und erwartet Fragen	IV. Konsultativ Vorgesetzter schlägt Versuchsentscheidung vor, die geändert werden kann	V. Partizipativ Vorgesetzter zeigt das Problem, erhält Lösungsvorschlag und entscheidet	VI. Delegativ Vorgesetzter gibt Grenzen an und fordert Gruppe auf, die Entscheidung zu fällen	VII. Delegativ Vorgesetzter gestattet den Untergebenen frei zu handeln in den systembedingten Grenzen

Darstellung 14: Autoritärer und kooperativer Führungsstil[179]

Sich aber auf einen demokratischen Führungsstil zu verlassen, da es so gefordert wird von den organisationalen Prozessen, wird u.U. auch nicht zum Ziel führen. Führung sollte in diesem Zusammenhang auch bedeuten auf die Bedürfnisse der Mitarbeiter einzugehen, aus denen sich dann die Anforderungen an die Führungskraft ergeben. Hier hilft eine Orientierung an der situativen Führungstheorie von Hersey/Blanchard, die von vier Reifegraden des Mitarbeiters ausgehen. Jeder Reifegrad erfordert einen entsprechenden Führungsstil durch die Führungskraft, den Hersey/Blanchard ebenfalls zuordnen[180]. In diesem Konzept begleitet die Führungskraft den Mitarbeiter durch einen entsprechenden Führungsstil in seinen Reife-

---
[178] vgl. Sackmann, 1990, S. 179f
[179] vgl. Staehle, 1999, S. 337
[180] vgl. Staehle, 1999, S. 844 ff

phasen und hilft diesen indirekt sich weiterzuentwickeln, sofern dieser die Fähigkeiten und Breitschaft dazu zeigt.

4. Zusammenfassung

Dieser Abschnitt hat sich mit den organisatorischen Instrumenten beschäftigt, die in Bezug auf die organisationalen Prozesse zu berücksichtigen sind. Es wird davon ausgegangen, dass die Organisation Einfluss auf diese Prozesse nimmt und umgekehrt. Hierfür wurde das Konzept der Unternehmenskultur vorgestellt, da diese die Grundlage bildet für die qualitativen Ausführungen der Prozesse. Als prägende Determinanten der Unternehmenskultur wurden die Theorie über Menschenbilder, das Unternehmensleitbild sowie die Instrumente des internen Marketings vorgestellt. Dann wurde der situative Ansatz von Kieser/Kubicek vorgestellt, da dieser Informationen in Bezug auf die zu berücksichtigenden Dimensionen bei der Gestaltung von Prozessen und der Organisation gibt. Dann wurde kurz das Modell der Netzwerkorganisation vorgestellt, da diese Form der Organisation die informelle Struktur der Organisation positiv beeinflusst und auch einen Ansatz der Heterarchie bildet, die einen Wissensaustausch im Sinne des Wissensmanagement über die Abteilungen hinweg unterstützt. Abschließend wurden die Führungsstile skizziert, da im Konzept der Organisationsentwicklung von einem partizipativen Ansatz gesprochen wird. Sie sollte verdeutlichen, dass ein partizipativer Ansatz nicht von den "Führungsbedürfnissen" des Mitarbeiters ablenken darf, sondern, dass auch ein partizipatives Führungsverhalten sich am Reifegrad des Mitarbeiters orientieren sollte.

F. Die Wechselbeziehung der Elemente im ganzheitlichen Ansatz von Customer Relationship Management in Konsumgütermärkten

1. Einführung

Nachdem in den vorangegangenen Abschnitten C. bis E. die Instrumente, die in diesem ganzheitlichen Ansatz von CRM berücksichtigt werden, identifiziert wurden, soll im folgenden gemäß der Fragestellung dieser Arbeit deren Beziehungen untereinander dargestellt werden. Begonnen wird mit den Beziehungen zwischen den unter B. identifizierten Grundelementen eines ganzheitlichen Ansatzes von CRM und den unter C. beschriebenen Instrumenten der Kundenbindung. Darauffolgend wird die Beziehung zwischen den kundenbezogenen (Abschnitt C.) und den prozessbezogenen (Abschnitt B.) Elementen skizziert. Danach soll die Beziehung zwischen den Elementen der Organisation (Abschnitt E.) und den organisationalen Prozessen (Abschnitt D.) beschrieben werden.
Die hieraus resultierenden Erkenntnisse werden dann unter Punkt 5. dieses Abschnitts zu einem Modell zum ganzheitlichen Ansatz von CRM zusammengefasst.

Auf eine Betrachtung der Beziehung zwischen den Elementen der Organisation und den Instrumenten der Kundenbindung wird verzichtet. Es wird angenommen, dass diese nur auf eine Institutionalisierung der Kundenbindungsinstrumente hinaus laufen würde, von der hier abgesehen werden soll, da nicht vermutet wird, dass diese förderliche Erkenntnisse zu einem ganzheitlichen Ansatz von CRM ergeben.

2. Die Beziehung zwischen den Instrumenten der Kundenbindung und den Grundelementen

Wie in Abschnitt B.1. festgestellt, ist die Grundlage für eine erfolgreiche Zusammenarbeit zwischen Handel und Hersteller ein Harmonious Relationship, in welchem beide Parteien ihre Ziele und Prozesse aufeinander abstimmen bzw. gemeinsame Ziele festlegen.

Ein gemeinsames zu verfolgendes Ziel könnte beispielsweise die Entwicklung und Umsetzung einer Strategie zur Bündelung ausgefeilter Techniken sein, um Ineffizienzen entlang der Wertschöpfungskette zu beseitigen und um neue Werte zu schaffen, unter Berücksichtigung alter und neuer Vorlieben und Bedürfnisse von Konsumenten, um deren maximalen Zufriedenheit zu erreichen wodurch allen Beteiligten ein Nutzen gestiftet wird, der im Alleingang nicht erreichbar wäre[181].

Die Vorgehensweise zur Erreichung dieses Zieles wäre erst die gemeinsame Festlegung der zu verfolgenden ECR-Basisstrategien und dann die Umsetzung ihrer elementaren Grundtechniken, basierend auf einer elektronischen Vernetzung beider Kooperationspartner, in dem alle Informationen in Bezug auf Kunden und Prozesse für beide gleichermaßen verfügbar gemacht werden[182].

Für die Umsetzung der Strategien werden auf Hersteller- und Handelsseite Teams gebildet, deren Aufgabe es ist, Schwachstellen innerhalb der Wertschöpfungskette aufzudecken, Erkenntnisse aus der Interaktion mit den Kunden auszuwerten, um so die Instrumente des Handels und Herstellers zur Kundenbindung optimal aufeinander abzustimmen. Es werden also auf beiden Seiten Multifunktionale Teams gebildet, die zur Erfüllung ihrer Aufgabe auch koordinierenden Einfluß auf andere Organisationsmitglieder nehmen können[183].

Diese Teams führen dazu, dass der Hersteller und Handel eine Einheit in der Bearbeitung des Konsumenten bilden, gestützt durch die Abstimmung beider Kundenbindungsinstrumente (Vgl. Darstellung 15).

---

[181] vgl. die Definition zu ECR Abschnitt B.1.3. sowie die Definition zu CRM Abschnitt A.3.1.
[182] vgl. die Überlegungen in Abschnitt B.1.3.
[183] vgl. hierzu die Ausführungen in Abschnitt B.1.4.

Folgendes Beispiel soll die in Darstellung 15 abgebildeten Zusammenhänge erklären. Die hier gewählte Erklärung entlang der LEGO Produkte entsprechen nur zum Teil des von LEGO in der Realität praktizierten CRM und dient nur der Veranschaulichung des Modells[184].

Anregungsphase (Need Recognition)

Ein Konsument sieht in der 25. Folge der Serie "Herzschmerz", wie eine Tante ihrem Neffen einen Bausatz von LEGO schenkt (Product Placement). Der Konsument stellt aufgrund dieser Szene ein Mangelempfinden fest, nämlich dass er lange nichts mehr zusammengebaut hat. Auf seinem Tisch liegt ein Prospekt von einem Spielzeughandel, der eine reiche Auswahl an Bausätzen unterschiedlicher Hersteller anbietet (Prospekte), aber insbesondere die vom Marktführer (Category Captain) LEGO.

Suchphase (Information Search)

Der Konsument überprüft in seinem Gedächtnis (Memory), welche guten oder schlechten Erfahrungen er mit Bausätzen gemacht hat und erinnert sich, dass er als 9-Jähriger viel Freude an LEGO Produkten hatte. Da dies bereits fünf Jahre her ist, möchte er sich erst mal einen Überblick über neue Produkte von LEGO verschaffen. Als er in einem TOOM Markt Besorgungen macht, entdeckt er, dass dort Kataloge von LEGO ausliegen. Er steckt sich sofort einen ein, mit dem festen vorhaben, diesen Daheim zu studieren (Katalogmarketing). Beim Studium des Katalogs stellt er fest, dass LEGO auch ein Service-Telefon anbietet, wo Fragen zu Produkten gern beantwortet werden (Telefonmarketing). Außerdem wird dringendst darauf verwiesen, doch die neu überarbeitete Homepage zu besuchen (Online-Marketing). Der Konsument entscheidet sich die Homepage zu besuchen und stellt dort fest, das zwei Produktgruppen für ihn in Frage kommen, die für seine Altersklasse konzipiert sind. Zum einen LEGO-Technik und zum anderen LEGO-Mindstorms. Außerdem kann der Konsument auf der Homepage ermitteln, welcher Spielzeughändler beide Produktgruppen führt. Er entscheidet sich den aufzusuchen von dem er noch den Prospekt hat.

Auswahlphase (Evaluation of Alternatives)

Als er den Spielzeugladen betritt, fällt ihm gleich eine Ecke auf in der eine große Auswahl an LEGO Produkten (Category Management) gut sichtbar in die einzelnen Produktgruppen aufgeteilt sind, mit einem Verweis auf die Altersklassen, an der er sich schnell orientieren kann (Sortimentspolitik). Beim Überblicken der einzelnen Produkte, fällt ihm gleich auf, dass der Preis seinem erwarteten Produktnutzen entspricht (Produktnutzen/nutzenorientierter Preis).

---

[184] zu dem von LEGO praktizierten CRM vgl. Tomczak et al., 1998, S. 121 ff; www.lego.com

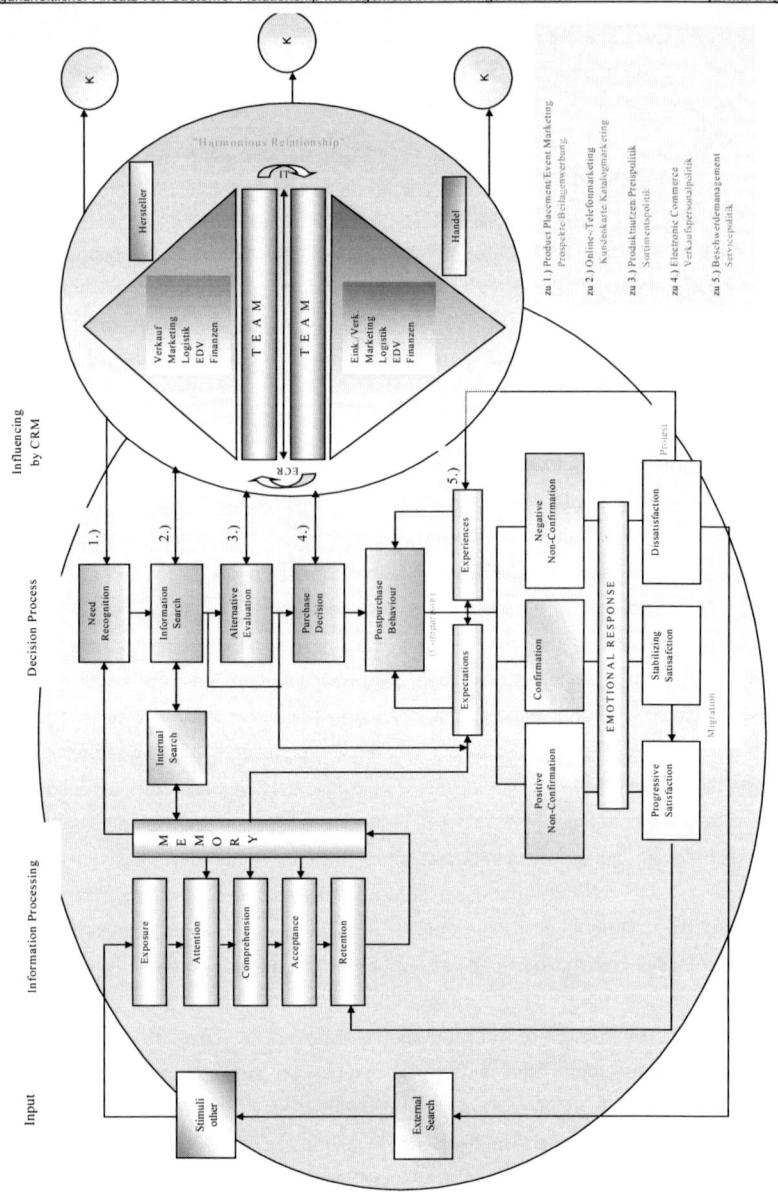

Darstellung 15: Die Beziehung zwischen den Elementen der Kundenbindung und den Grundelementen[185]

---

[185] vgl. Abschnitt B.1.4. Darstellung 4; Darstellung 6; Abschnitt C.

Er vergleicht die Produktgruppen LEGO-Technik und LEGO-Mindstorms miteinander und entscheidet sich für die Anschaffung eines LEGO-Technik Bausatzes.

Kaufphase (Purchase Decision)

Allerdings muss er feststellen, dass es sog. "Starter Sets" und "Profi Sets" gibt. Da er sich unter beiden Begriffen nicht so recht etwas vorstellen kann, entscheidet er sich für eine Beratung durch eine Verkäuferin (Verkaufspersonalpolitik). Diese erklärt dem Konsumenten ausführlich die Vor- und Nachteile beider Sets in Bezug auf die Bedürfnisse von Kunden und den Erfahrungen mit ihren eigenen Kindern. Sie ist sehr nett und freundlich und als sie feststellt, dass noch Zweifel im Konsumenten sind, schlägt sie ihm vor, zu Hause noch mal in Ruhe darüber nachzudenken, welches Set am besten für ihn geeignet ist. Außerdem weißt sie darauf hin, dass er nicht noch mal wiederkommen bräuchte. Er könne dann das Produkt über die LEGO Homepage bestellen. Er möge aber doch bitte angeben, dass er sich hat von diesem Spielzeughandel beraten lassen, dann würde die Bestellung auch über sie abgewickelt werden. Auf dem Weg nach Hause hat er noch einmal alle Informationen gegeneinander abgewogen und sich dann entschlossen, sobald er dort ankommt, dass Profi Set zu erwerben. Hierfür geht er auf die LEGO Homepage, wo er auch prompt sein gewünschtes Produkt findet. Er wird gebeten, doch die Beratungsstätte, falls in Anspruch genommen, anzugeben, was er gerne tut, da er mit der Beratung der Verkäuferin sehr zufrieden war. Nachdem er alle notwendigen Angaben gemacht hat, wird er darauf hingewiesen, dass das Produkt innerhalb von drei Werktagen geliefert wird (Electronic Commerce (Online Shopping)).

Bestätigungsphase (Postpurchase Behaviour)

Sein neues LEGO-Technik Profi Set wird sogar schon am nächsten Tag angeliefert. Der Rechnung ist ein Anschreiben beigefügt, in dem ihm zu seinem neuen LEGO-Produkt gratuliert wird und es wird ihm "Viel Spaß" beim Tüfteln gewünscht. Sollten sich Probleme ergeben, so möge er sich doch bitte an den Spielzeughandel der ihn betreut wenden oder er könne auch über das Service-Telefon anrufen. Und in der Tat, er stürzt sich begeistert auf seinen Bausatz und muß während des Zusammensetzens feststellen, dass ein Bauteil fehlt. Wie ärgerlich. Er ruft beim LEGO Service-Telefon an, die bitten ihn mit der Rechnung und der Bauanleitung zu seinem eingetragenen Spielzeughandel zu gehen, dort würde ihm geholfen werden (Beschwerdemanagement). Also macht er sich mit der Rechnung und der Bauanleitung auf den Weg zum Spielzeughandel. Die nette Verkäuferin erinnert sich sogar an ihn und kümmert sich sofort um ihn. Er schildert ihr sein Problem. Sie öffnet einen anderen Bausatz, entnimmt dort das fehlende Teil und sagt ihm, dass es jetzt wohl mit dem Zusammenbau klappen müsste. Sie weißt ihn darauf hin, falls es noch weitere Probleme geben sollte, dürfe er gerne wiederkommen (Servicepolitik). Dass es so schnell gehen würde hatte er nicht erwartet, daher nimmt er sich vor noch mal auf die Homepage von LEGO zu gehen. Er hatte dort etwas von einem Kundenclub gelesen, vielleicht sollte er dort eintreten (Kundenclub).

Der Konsument erfährt bei dem Vergleich seiner Erwartungen und Erfahrungen durch das fehlen des Bauteils eine negative Nicht-Bestätigung, die zu seiner Unzufriedenheit führt. Er widerspricht (Protest) in dem er sich an LEGO wendet und diese ihn an seinen Spielzeughandel verweisen. Dort wird ihm geholfen, wodurch wiederum ein Vergleich seiner Erwartungen und Erfahrungen stattfindet, die diesmal zu einer positiven Nicht-Bestätigung führen, die eine progressive Zufriedenheit auslösen und ihn veranlassen, diese Erfahrung in sein Langzeitgedächtnis aufzunehmen (Retention).

Wäre kein Beschwerdemanagement vorhanden gewesen oder dem Konsumenten mitgeteilt worden, dass er einen neuen Bausatz bzw. einen Ersatzteil Bausatz erwerben könne, um sein Problem zu lösen, wäre die Emotionale Reaktion anders ausgefallen. Dann nämlich hätte der Vergleich seiner Erwartungen und Erfahrungen wieder zu einer negativen Nicht-Bestätigung geführt, die eine Unzufriedenheit auslöst und ihn veranlassen, abzuwandern (Migration). Diese Abwanderung führt dazu, dass er sein Mangelempfinden nicht stillen konnte und er sich auf die externe Suche (External Search) zur Lösung seines Problems macht. Diese Suche richtet sich auf Reize aus Massenmedien, aus Firmenwerbung und Freunden. Sie wird außerdem durch die Variablen des Entscheidungsprozesses (Information Processing) beeinflusst. In diesem Prozess wird er dem Reiz aufgrund physischer Nähe ausgesetzt (Exposure). Diesem Reiz werden dann Informationsverarbeitungs-Kapazitäten zugeteilt (Attention). Dann wird er zur Identifikation seines Inhaltes dem Kurzzeitgedächtnis überstellt (Comprehension). Dieses Ergebnis wird dann auf Vereinbarkeit mit vorhandenen Überzeugungen, Bewertungskriterien und Einstellungen abgeglichen (Acceptance). Das Ergebnis dieses Abgleichs wird dann ins Langzeitgedächtnis aufgenommen (Retention)[186].

3. Die Beziehung zwischen den Instrumenten der Kundenbindung und den Elementen der organisationalen Prozesse

Die Beziehung zwischen den Instrumenten der Kundenbindung und den Elementen der organisationalen Prozesse ist in dem Sinne zu verstehen, dass eine Aktion des Kunden einen organisationalen Prozess auslöst. Dieser Prozess wird ausgelöst, in dem ein Mitarbeiter feststellt, dass eine Diskrepanz zwischen den Erwartungen des Kunden und seinen Erfah-

---

[186] vgl. Bänsch, 1998, S. 134

rungen aufgetreten ist oder wahrscheinlich auftreten wird. Denkbar wäre auch, dass eine Anregung des Kunden diesen Prozess auslöst, in dem er z.b. feststellt, dass die Verpackung eines Produktes unpraktisch ist, einen Vorschlag per E-Mail oder Telefon an den Hersteller gibt oder dieses Problem in einem Laden mit der Verkäuferin diskutiert und diese die vom Kunden aufgedeckte Problematik in der Verwendung des Produkts als Feedback an den Hersteller weitergibt. Dafür müssen die Hersteller aber von ihrem hohen Sockel herunterkommen, der sie immer noch glauben lässt am besten zu wissen, was der Konsument will. Dies aber nur am Rande.

Die Beziehung zwischen den beiden Elementen soll im folgenden am Beispiel des Beschwerdemanagements skizziert werden. Hierfür soll das Beispiel zur LEGO Technik im vorangegangenen Punkt zum Beschwerdemanagement als Vorlage dienen. Folgende Situation soll angenommen werden. Der Konsument stellt fest, dass in seinem neuen LEGO Bausatz ein Baustein fehlt. Dieses Bauteil ist so wichtig, dass er in der Mitte der Bauanleitung aufhören muss, diesen Bausatz zusammenzusetzen. Er ruft bei LEGO an, um zu fragen was in diesem Falle zu tun ist. Der Konsument ist sehr erregt und ärgerlich darüber, dass dieses Teil fehlt. Eine Stimme meldet sich am anderen Ende der Leitung, die nicht gerade begeistert darüber zu sein scheint, schon wieder bei der Arbeit gestört zu werden. Erzählt irgendetwas von LEGO Kundenservice und mein Name ist Egon Kunz. Der Kunde zögert leicht und schildert dann sein Problem, denn es hieß ja "Kundenservice mein Name ist". Herr Kunz bemuht sich um Freundlichkeit, während er dem Konsumenten mitteilt, dass LEGO Produkte einwandfrei ausgeliefert werden und daher kein Bauteil fehlen kann, der Konsument möchte doch noch mal jeden Winkel seiner Wohnung absuchen, denn das Teil könne nur beim Öffnen verloren gegangen sein, obwohl das auch unmöglich ist, da die LEGO Verpackungen so konstruiert sind, dass beim Öffnen gerade dies nicht passiert, weil man von dem Problem weiß. Der Konsument hatte natürlich bevor er beim Kundenservice anrief, jeden Millimeter seiner Wohnung nach diesem Teil abgesucht, schließlich wollte er sich ja nicht blamieren. Daraufhin meint Herr Kunz, dass es noch die Möglichkeit gäbe, Ersatzteil Bausätze zu erwerben. Sie beinhalten häufig vermisste Teile und vielleicht habe er ja Glück, dass sich seines ebenfalls darunter befindet. Ansonsten müsse er sich wohl einen neuen Bausatz zu legen. Und dann sagt Herr Kunz noch etwas wie, bitte entschuldigen sie aber das andere Telefon klingelt, wir sind ja eh fertig und verabschiedet sich während er einen unzufriedenen Kunden zurückläßt.

Der Mitarbeiter von Herrn Kunz Herr L. bekommt dieses Gespräch mit und ihm ist aufgefallen, dass sich diese Art der Gespräche in letzter Zeit gehäuft haben und auch der Handel sich schon beschwert hat, dass Kunden sich über einen Kundenservice wundern, der ja in Wirklichkeit gar keiner ist.

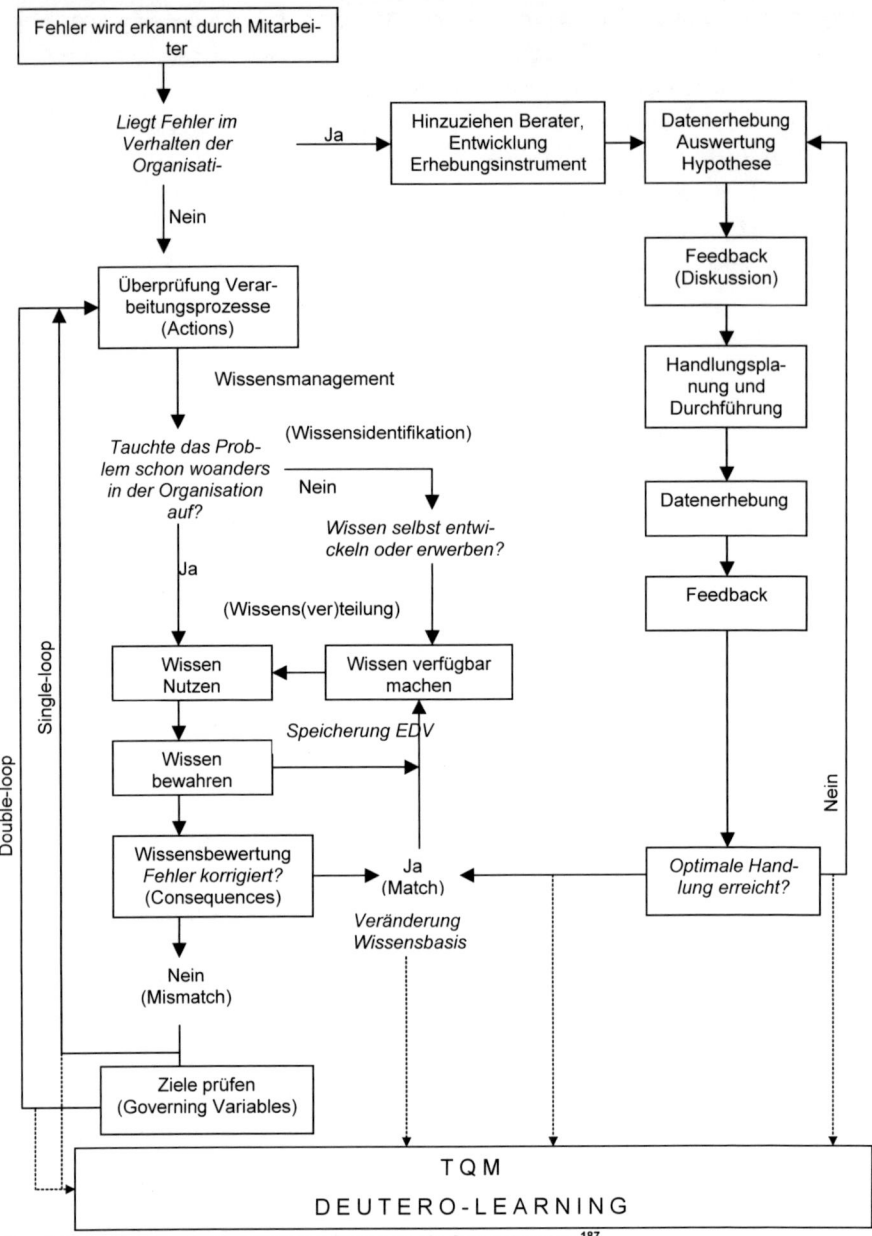

"Ein ganzheitlicher Ansatz von Customer Relationship Management in Konsumgütermärkten" **(Erklärungen)**

Darstellung 16: Die organisationalen Prozesse als Gesamtsystem[187]

---

[187] vgl. French et al., 1999, S. 112; Probst, 1999, S. 58; Schreyögg, 1999, S. 541; Argyris, 1992, S. 8

Fachhochschule Hamburg - Hendrik Hohnwald   *25. August 2000*

Der Fehler wurde von einem Mitarbeiter erkannt und stellt den bisherigen Prozess in Frage (Vgl. Darstellung 16). Es stellt sich die erste Frage, ob der Fehler in dem Verhalten von Herrn Kunz begründet liegt. Herr L. bejaht diese Frage (Organisationsentwicklung).

Im nächsten Schritt wird ein externer Berater hinzugezogen, der einen Fragebogen entwickelt sowie einige Hypothesen[188] (Hinzuziehen Berater).

Die Hypothesen lauten:
1. Der Kunde ist zufriedener nach dem Gespräch, wenn der Servicemitarbeiter mit einem Lächeln ans Telefon geht
2. Der Kunde ist zufriedener nach dem Gespräch, wenn der Servicemitarbeiter sich seine Zeit für den Kunden nimmt und es auch kommuniziert
3. Der Kunde ist zufriedener nach dem Gespräch, wenn der Servicemitarbeiter alleine in einem Raum sitzt
4. Der Kunde ist zufriedener nach dem Gespräch, wenn der Servicemitarbeiter auf solche Situationen geschult wird

Danach werden die Daten erhoben, deren Auswertung in der Tat ergab (Datenerhebung, Auswertung, Hypothese), dass die Servicemitarbeiter sich gestresst fühlen, da sie mit mehreren Mitarbeitern in einem Zimmer sitzen und zudem noch Arbeiten nebenher erledigen müssen. Es wird sich dann mit den Mitarbeitern zusammengesetzt (Feedback (Diskussion)), um einen Handlungsplan zu erstellen. Dieser ergab, dass die Mitarbeiter zu einem festen Zeitpunkt als Servicekräfte erreichbar sind, vier Stunden in der regulären Arbeitszeit. Die verbleibenden vier Stunden werden dann für die andere Arbeit genutzt. Zusätzlich werden die Mitarbeiter mit Trennwänden voneinander abgegrenzt (Handlungsplanung und Durchführung). Die darauffolgende Datenerhebung ergab (Datenerhebung), dass die Servicemitarbeiter in der Tat jetzt freundlicher am Telefon sind, allerdings ist der Kunde nach wie vor unzufrieden. Also liegt das Problem nicht nur im Verhalten der Mitarbeiter (Feedback). Es muss auch im Prozess der Problemlösung mit dem Kunden liegen (organisationales Lernen). Also wird der Verarbeitungsprozess überprüft (Actions). Hierfür wird erst mal geprüft, ob dieses Problem schon in einem anderen Bereich der Unternehmung aufgetaucht ist (Wissensmanagement). Und in der Tat der Bereich LEGO Duplo hatte das gleiche Problem (Wissensidentifikation). Dieses Problem wurde erst dadurch gelöst, in dem aus der Produktion heraus dem Kunden das fehlende Teil per Post zugeschickt wurde. Hierfür wurden die Bauanleitungen so modifiziert, dass jedes Bauteil an einer Seriennummer identifizierbar wird. Der Servi-

---

[188] vgl. French et al., 1994, S. 116 f

cemitarbeiter hat der Produktion dann diese Daten über das Computernetz geschickt zusammen mit der Adresse des Kunden, die in einen vorbereiteten Vordruck für Adressaufkleber eingetragen wurde und nur noch von der Produktion ausgedruckt zu werden brauchte. Der Vorgang dauerte wenige Minuten, dann war das Bauteil versandbereit. Dann wurde festgestellt, dass die Kunden auch bereit waren zu einem Händler zu gehen. Dieser hat dann ein neues Paket geöffnet und den Kunden mit dem Bauteil versorgt das fehlte. Der Händler schickt dann das geöffnete Paket an LEGO Duplo zurück. Diese Maßnahme hat sich als weniger belastend für die Produktion gezeigt, da die zurückgeschickten Bauteile leichter wieder in den Produktionsprozess einzugliedern sind, als es war die Teile aus der Produktion heraus zu versenden. Und der Kunde ist seitdem zufriedener, da er das fehlende Bauteil im Idealfall noch am gleichen Tag erhält. Seitdem LEGO Duplo diese Leistung kostenfrei anbietet, sind die Absätze ebenfalls gestiegen.

Die Mitarbeiter von LEGO Technik diskutieren diese Möglichkeit und entscheiden sich erst mal für den ersten Weg, nämlich die fehlenden Teile aus der Produktion heraus zu versenden (Handlungsplanung und Durchführung).

Dieses Verfahren wird bei LEGO Technik durch neueste Informationstechnologien effizienter in die Produktion integriert, so dass der Versand keine störende Belastung sondern fließend in den Produktionsablauf integriert wurde (Wissen nutzen). Dem Kunden wird erzählt, dass die Teile dieser Produktlinie nach sehr hohen Qualitätsstandards hergestellt werden und daher eine Lieferzeit von zwei Tagen zu berücksichtigen sei. Dieses Wissen wird gleichzeitig detailliert im Intranet des Konzerns in Form von HTML Seiten abgespeichert, so dass es anderen Abteilungen ebenfalls zur Verfügung steht (Wissen bewahren und verfügbar machen).

Die Beschwerden über das Unternehmen sind zurückgegangen. Außerdem kann LEGO Technik ebenfalls eine Steigerung des Absatzes verzeichnen, der auf zufriedene Kunden zurückzuführen ist (Consequences). Der Fehler wurde also korrigiert und hat somit die Wissensbasis des Herstellers verändert. Organisationales Lernen hat stattgefunden (Single-loop learning).

Die Beziehung zwischen den Elementen der Kundenbindung und den organisationalen Prozessen, kann entsprechend des Instruments analog auf die anderen unter Abschnitt C. vorgestellten Kundenbindungsinstrumente angewendet werden. Vorausgesetzt, dass der Kunde durch den Hersteller ermutigt wird, ein entsprechendes Feedback über seine Leistung zu geben, da der Anstoß zu einem Prozess in Bezug auf die Kundenbindung bzw. Kundenzufriedenheit vom Kunden kommen muss, denn dieser weiß am besten, was er gut findet an der Leistung eines Herstellers oder was er vermisst. Auch ist in Erwägung zu ziehen, dass einige Kunden dem Hersteller leichter in Puncto Interaktion mit dem Kunden zur Verfügung stehen, denn es ist anzunehmen, dass der eine oder andere Mitarbeiter das hauseigene

Produkt konsumiert, so dass von dieser Seite auch zu berücksichtigende Anregung zur Verbesserung der Leistung kommen können. Wodurch ein Mitarbeiter, wie im hier vorgestellten Modell angenommen, einen Prozess auslösen würde.

Wie bereits in Abschnitt D. erläutert, nimmt das TQM und Deutero-Learning Einfluss auf den Prozess, da sie die Anforderungen an die Ergebnisse der Lernprozesse stellen bzw. die Grundlage für den Lernprozess im Allgemeinen darstellen. Darstellung 16 visualisiert in diesem Zusammenhang ebenfalls die Beziehung der unter Abschnitt D. vorgestellten Prozesse.

4. Die Beziehung zwischen den organisationalen Elementen und den Elementen der organisationalen Prozesse

Die Beziehung zwischen den organisationalen Elementen und den Elementen der organisationalen Prozesse besteht wie im Abschnitt E. stellenweise angedeutet, in der Form, dass die Organisation Einfluss nimmt auf die organisationalen Prozesse und umgekehrt. Die organisationalen Prozesse sind demnach in die Organisation eingebettet.

Wie im vorangegangenen Punkt angedeutet kommt es bei den organisationalen Prozessen im wesentlichen darauf an, dass ein Fehler bzw. Problem durch einen Mitarbeiter erkannt wird und dieser die Möglichkeit erhält, dieses Erkennen zu kommunizieren, was einen Prozess zur Fehler oder Problemlösung auslösen soll.

Ist in einer Unternehmenskultur in der ersten Ebene z.B. eine automatische Handlung Fehler/Probleme zu übergehen bzw. selbst notdürftig zu korrigieren, damit es niemandem auffällt, so kann dieses Problem keinesfalls adäquat gelöst werden und zu einer Veränderung der Wissensbasis führen. Dieses Verhalten würde auf der zweiten Ebene unterstützt werden durch die Parole "Wir machen keine Fehler", was wiederum die "Vertuschung" dieser unterstützt, anstatt sie offen zu diskutieren, um Lösungsmöglichkeiten zu ermitteln. In diesem Zusammenhang steht auch das Menschenbild. Wird von einer Führungskraft oder Mitarbeiter die Theorie X angenommen, so wird der Fehler auf dessen Verhalten abgewälzt, statt selbstkritisch die Prozesse zu untersuchen, mit denjenigen, die sich am besten mit diesen auskennen, da sie jeden Tag von ihnen praktiziert werden. Die Organisationsentwicklung (OE) nimmt mit ihren Maßnahmen[189] Einfluss auf das Verhalten der Organisationsmitglieder und kann in einem langfristigen Prozess die Annahme über die Menschenbilder ändern und somit die Unternehmenskultur verändern. D.h., dass die Effektivität der organisationalen Prozesse bzw. deren Qualität von einer entsprechenden Unternehmenskultur mit getragen wird.

---

[189] Diese wurden nicht im Abschnitt D. vorgestellt, da der Schwerpunkt dieser Arbeit nicht auf der OE liegt

Mit Hilfe des situativen Organisationsmodells lassen sich die Auswirkungen der Situation der Organisation auf deren Struktur und Mitglieder analysieren, womit auch die Auswirkungen auf die Prozesse zu erkennen sein sollten. Im hier vorliegenden ganzheitlichen Ansatz stellt sich die Situation wie folgt dar.

Die zu berücksichtigenden Dimensionen der externen Dimension beschränken sich auf die aufgabenspezifische Umwelt und betreffen die Kundenstruktur sowie die technologische Dynamik. Die Kundenstruktur verändert sich dahin, dass die Erwartungshaltung der Kunden gegenüber der Leistung des Herstellers überwiegend nicht mehr mit ihren Erfahrungen übereinstimmt. Dies liegt darin begründet, dass der Endverbraucher durch einen leichteren Zugang zu Informationen durch das Internet besser über die heutigen Möglichkeiten aufgeklärt ist. Diese steht im engen Zusammenhang mit der technologischen Dynamik. Diese externe Situation nimmt Einfluss auf die gegenwartsbezogenen internen Situationen des Leistungsprogramms und der Informationstechnologie. Das um die Komponenten erweitert werden sollte, welche die Erwartungshaltung des Kunden mit seinen Erfahrungen wieder in Einklang bringen oder darüber hinaus eine positive Nicht-Bestätigung erzeugen.

Diese erweiterten Komponenten im Leistungsprogramm und der Informationstechnologie nimmt wie folgt Einfluss auf die Organisationsstruktur.

Zuerst muss geklärt werden, welche neuen Aufgaben bzw. Prozesse entstehen und wieviel Mitarbeiter dafür benötigt werden. Dann wird ermittelt, in welche Teilaufgaben die Gesamtaufgabe unterteilt werden kann, woraufhin die Anzahl der Stellen gemessen wird (Spezialisierung). Danach sind die Aktivitäten der Teilaufgaben aufeinander abzustimmen, um das Ziel Kundenzufriedenheit mit dem höchstmöglichen Grad zu erreichen (Koordination). Im Blick auf die organisationalen Prozesse ist eine Mischung aus der Koordination durch Selbstabstimmung und persönlicher Weisung sowie durch Pläne anzustreben. Im nächsten Schritt sind die Weisungsbefugnisse in einer hierarchischen Ordnung (Konfiguration) der jeweiligen Stelle festzulegen. Woraufhin sie mit den entsprechenden Kompetenzen ausgestattet werden, zukünftige Sachverhalte der Organisation nach innen und/oder außen verbindlich festlegen zu dürfen (Entscheidungsdelegation). Abschließend sind diese festgelegten Kriterien im Rahmen einer Strukturformalisierung in das Wissensmanagement zu überführen (Formalisierung).

Die organisationalen Prozesse nehmen Einfluss auf die Spezialisierung, da diese ständig durch die Mitarbeiter auf Fehler überwacht werden. Wird ein Fehler festgestellt, so kann dessen Korrektur Auswirkungen auf alle nach gelagerten Kriterien haben. Umgekehrt hat das Festlegen der neuen Organisationsstruktur auf die bis dahin praktizierten Prozesse Auswirkungen, da diese als Fehler identifiziert wurden im Wirken auf die veränderte Situation.

Bei der Fehlerbehebung kann es u.U. nötig sein eine andere Abteilung zu betrauen, um von deren Wissen zu partizipieren. Diese Möglichkeit kann im Rahmen einer Netzwerkorganisation geschaffen werden, in welcher die einzelnen Abteilungen auf einer informellen Basis heterarchisch miteinander verknüpft sind. Wodurch die "Wissende" Abteilung für den Zeitraum der Fehlerbehebung alle Kompetenzen der umzustrukturierenden Abteilung übernimmt.

Die Führungsstile haben in dem Maße Einfluss auf die organisationalen Prozesse, da durch sie direkt auf das Verhalten der Mitarbeiter eingewirkt wird. Wird dem Mitarbeiter z.B. in einem autoritären Führungsstil vorgelebt, dass der Prozess im Unternehmen nicht seine Sache ist sondern die der Führungskraft, wird dieser auch nicht bereit sein, Fehler aufzudecken bzw. auf Probleme hinzuweisen, sondern dies der Führungskraft überlassen. Wodurch ein effektiver Gebrauch der organisationalen Prozesse in deren Sinn gehemmt würde.

5. Ein Modell zum ganzheitlichen Ansatz von Customer Relationship Management in Konsumgütermärkten

Im hier erarbeiteten ganzheitlichen Ansatz zum CRM in Konsumgütermärkten wurden die Beziehungen zwischen den Instrumenten der Kundenbindung und den Grundelementen dargestellt (Vgl. Punkt 2. dieses Abschnitts). Weiterhin wurde auf die Beziehung zwischen den Instrumenten der Kundenbindung und den organisationalen Prozessen eingegangen (Vgl. Punkt 3. dieses Abschnitts). Als letzte zu berücksichtigende Beziehung wurde die Wechselwirkung zwischen der Organisation und den organisationalen Prozessen dargelegt (Vgl. Punkt 4. dieses Abschnitts). Die Darstellung 17 fasst diese Beziehungen visuell zusammen ohne konkret auf die einzelnen Prozesse einzugehen, da diese in den vorangegangenen Punkten ausführlich visualisiert und erklärt wurden.

Auf eine Darstellung der Beziehung zwischen den Grundelementen zur Bindung des Handels und den organisationalen Prozessen wurde verzichtet, da der Handel als Kundenkontaktpersonal des Herstellers zu betrachten war.

Eine Beziehung zwischen dem Grundelement Konsumentenverhalten und den organisationalen Prozessen wurde indirekt bei der Betrachtung der Beziehung zu den Instrumenten der Kundenbindung hergestellt.

Von einer Darstellung der Beziehung zwischen den Instrumenten der Kundenbindung und den Elementen der Organisation wurde abgesehen, da diese im wesentlichen auf eine Institutionalisierung der Instrumente zur Kundenbindung hinauslaufen würde. Ein Bezug wurde dennoch angedeutet in der Betrachtung der Beziehung der Organisation zu den organisationalen Prozessen, da die dort erwähnten Veränderungen bzw. Erweiterungen des Leistungsprogramms und der Informationstechnologie, auf die Einführung der Instrumente zur Kundenbindung zurückzuführen ist.

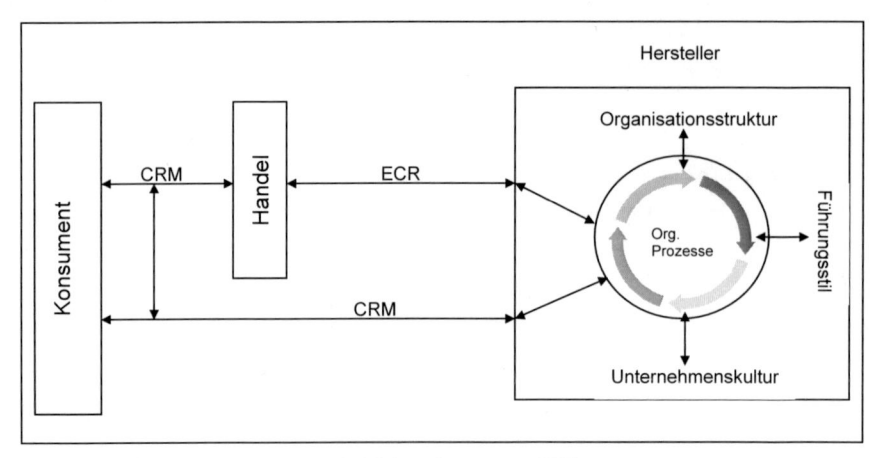

Darstellung 17: Ein Modell zum ganzheitlichen Ansatz von CRM

G. Ansätze zur Begründung und Ermittlung der Wirtschaftlichkeit eines ganzheitlichen Ansatzes von CRM

1. Einführung

Wie unter Punkt 3.2. im Abschnitt A. festgestellt, ist das Ziel von CRM die Steigerung des unternehmerischen Gewinns. Im folgenden sollen nun einige Ansätze skizziert werden, die den Wert eines Kundenbindungsmanagement aufzeigen. Die Kosteneinsparungen, die sich aus einer optimalen Organisation[190] und verbesserten Prozessen innerhalb der Organisation[191] ergeben, werden in dieser Betrachtung vernachlässigt, da es sich bei ihnen um grundlegende Verbesserungen im Wertschöpfungsprozess handelt und sie daher nachvollziehbar sein sollten.

2. Kundenwert

Der Kundenwert beschreibt den Betrag, bei dem die Einnahmen die ein Hersteller aus einer Beziehung zu einem Kunden über deren gesamten Dauer oder einer bestimmten Anzahl von Jahren erhält, die der Ausgaben, welche der Hersteller für die Gewinnung des, der Beratung von und für den Verkauf an den Kunden aufwendet, übersteigt[192].

---

[190] vgl. Abschnitt E. dieser Arbeit
[191] vgl. Abschnitt D. dieser Arbeit
[192] vgl. Kotler et al., 1999b, S. 490

Demnach ist der Kundenwert der Anteil den ein Hersteller vom Lebenszeitwert eines Endverbrauchers für sich gewinnen kann. Der Kundenwert kann auch einen negativen Wert annehmen, nämlich dann wenn der Hersteller sich auf der erfolgreichen Akquisition von Kunden ausruht, diese sich aber nicht gut betreut fühlen und wieder abwandern. Dies verdeutlicht die Wichtigkeit eines Kundenbindungsmanagement, mit dem gewährleistet werden soll, dass die Ausgaben für einen Kunden auch von diesem gedeckt werden und nicht von anderen Kunden getragen wird.

Im Laufe der Kundenbeziehung werden zusätzliche Gewinne generiert durch Weiterempfehlungen, reduzierte Kosten, da es einfacher wird den Kundenstamm zu halten, Gewinne aus Preiserhöhungen, da der Kunde bereit ist mehr für die Leistungen zu bezahlen, die jetzt in seiner Produktrealität mehr umfaßt als nur das einzelne Produkt[193].

Darüber hinaus kann der Kundenwert auch eingesetzt werden, um unterschiedliche Kundengruppen miteinander zu vergleichen und um rentable Kundengruppen zu identifizieren[194].

3. ABC-Analyse und Kundendeckungsbeitragsrechnung

In der **ABC-Analyse** werden die Kunden einer Kundengruppe entsprechend ihrer Umsatz- oder Gewinnbeiträge nach sehr wichtigen, wichtige und weniger wichtige Kunden geordnet und dementsprechend in A-, B- und C-Kunden eingeteilt[195]. Mittels dieser Einteilung wäre es möglich die Kundenbindungsaktivitäten in ihrer Intensität nach den entsprechenden A-, B- und C-Kunden zu differenzieren, um so dem Kunden die Leistung zu erbringen, die er auch "bezahlen" kann. Ob diese Vorgehensweise sinnvoll ist, sei in Frage gestellt, da es grundsätzliches Ziel ist, jeden Kunden für einen längeren Zeitraum an den Hersteller zu binden, in welchem die Einnahmen durch den Kunden in jedem Fall die Ausgaben für den Kunden übersteigen sollte.

Die **Kundendeckungsbeitragsrechnung** ist eine Teilkostenrechnung, die alle Erlös- und Kostengrößen erfasst, die mit der Bindung eines Kunden oder einer Kundengruppe entstehen und entfallen, wenn ein Konsument nicht mehr kauft[196]. Zum Schema der Kundendeckungsbeitragsrechnung vgl. Darstellung 18.

---

[193] vgl. Reichheld, 1999, S. 57
[194] vgl. Bergmann, 1998, S. 53
[195] vgl. Hennig-Thurau, 1999, S. 93
[196] vgl. Peter, 1999, S. 269

Kundendeckungsbeitragsrechnung
Bruttoerlös (zu Listenpreisen)
./. kundenbezogene Preisnachlässe (Menegenrabatte, Kundenskonti, Differenz zu Aktionspreisen)
= Nettoerlös
./. Herstellungskosten
= Kundendeckungsbeitrag I
./. dem Kunden zurechenbare Marketingkosten (Mailings, Kataloge)
= Kundendeckungsbeitrag II
./. dem Kunden zurechenbare Verkaufskosten (Beratungskosten, Bestellabwicklung, Fakturierung)
= Kundendeckungsbeitrag III
./. dem Kunden zurechenbare Service- und Transportkosten (Kundendienst)
= **Kundendeckungsbeitrag IV**

Darstellung 18: Schema der Kundendeckungsbeitragsrechnung[197]

4. Beziehungslebenszyklus

Das Kundenlebenszykluskonzept ermöglicht es, die Ausgewogenheit eines Kundenstammes dahin zu prüfen, auf welche Kundengruppen Bindungsaktivitäten verstärkt auszurichten sind[198]. Die Effizienz der eingesetzten Bindungsinstrumente hängt davon ab, in welcher Phase der Bindung der Kunde sich mit dem Hersteller befindet. Die Dauer der Beziehung wird hierfür in vier Phasen unterschieden der Kennenlern-, der Vertiefungs-, der Routine- und der Infragestellungsphase[199]. Ein solches Lebenszykluskonzept sollte ergänzt werden, durch die Erkenntnis, dass sich die Vorlieben und Bedürfnisse eines Konsumenten mit zunehmendem Alter verändern[200]. Im Rahmen dieser Erkenntnis ist zu prüfen, ob das Produkt mit dem Konsumenten altern soll und somit auch das Beziehungsmanagement oder ob der Kunde im Rahmen eines weitsichtigen CRM zu einer Produktgruppe, die seinen veränderten Vorlieben und Bedürfnissen entspricht, überführt werden soll.

5. Kundenportfolio

Bei der Kundenportfolio-Analyse werden statt der strategischen Geschäftsfelder die Kunden bzw. Kundengruppen in der Matrix plaziert. Anstelle der Dimensionen *Marktwachstum* und *relativer Marktanteil* könnten die Ausprägungen *ökonomischer Wert der Kundenbeziehung* bzw. *Kundenattraktivität* und *Stabilität der Kundenbeziehung* gesetzt werden[201]. Die Bestimmungsfaktoren für die Kundenattraktivität könnten das Preisbewußtsein, die zukünftigen

---

[197] vgl. Peter, 1999, S. 270
[198] vgl. Peter, 1999, S. 266
[199] vgl. Bergmann, 1998, S. 60
[200] vgl. Kotler et al., 1999b, S. 387
[201] vgl. Meffert, 1998, S. 341; Bergmann, 1998, S. 63; Peter, 1999, S. 268; Hennig-Thurau, 1999, S. 106

Wachstumspotentiale, die finanzielle Lage des Kunden sowie die zukünftige Wichtigkeit des Produkts für den Konsumenten und der Umsatz mit dem Kunden sein. Die Bestimmungsfaktoren für die Stabilität der Kundenbeziehung könnten sich zusammensetzen aus dem Vertrauen des Kunden in die Leistung des Herstellers, der Zufriedenheit mit dessen Leistung definiert über den Erfüllungsgrad von Erwartungen und der Häufigkeit von Beschwerden[202].

Das Kundenportfolio soll Hinweise geben, welche Kundenbindungsmaßnahmen verstärkt eingesetzt werden sollten und wo die Intensität verringert werden sollte, da die zu erwartenden Einnahmen nicht mehr im Verhältnis zu den Ausgaben stehen. Wird vorausgesetzt, dass sich das Kundenportfolio auf ein Produkt oder eine Produktgruppe bezieht, so ist zu überlegen, ob die *alternden Kunden* nicht zu *Spitzenkunden* oder *Perspektivkunden* (Vgl. Darstellung 19) überführt werden könnten in eine Produktgruppe, welche die geänderten Vorlieben und Bedürfnisse dieser Kundengruppe berücksichtigt.

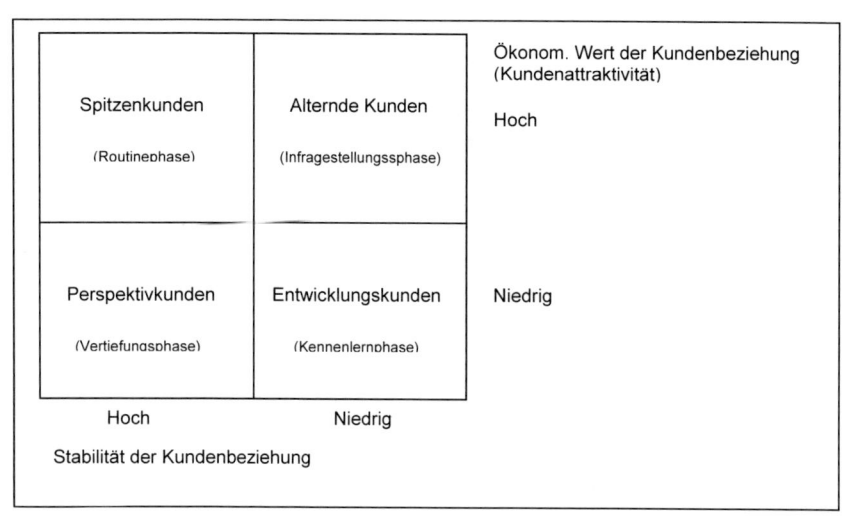

		Ökonom. Wert der Kundenbeziehung (Kundenattraktivität)
Spitzenkunden (Routinephase)	Alternde Kunden (Infragestellungsphase)	Hoch
Perspektivkunden (Vertiefungsphase)	Entwicklungskunden (Kennenlernphase)	Niedrig
Hoch	Niedrig	
Stabilität der Kundenbeziehung		

Darstellung 19: Kundenportfolio-Matrix[203]

---

[202] vgl. Hennig-Thurau, 1999, S. 102 ff; Scharnbacher et al., 1996, S. 19
[203] vgl. Bergmann, 1998, S. 64; Peter, 1999, S. 268; Hennig-Thurau, 1999, S. 106

H. Schlussbetrachtung

Diese vorliegende Diplomarbeit hat in ihren Ausführungen versucht einen ganzheitlichen Ansatz von Customer Relationship Management zu entwickeln. Hierfür wurde im Abschnitt A. Punkt 2.2. der Rahmen festgelegt, in welcher sich diese Arbeit bewegte. Daraufhin wurde im Punkt 3. eine Definition von CRM aus den Annahmen zur Kundenbindung und dem One-To-One Marketing entwickelt, unter welcher diese Arbeit zu betrachten war. Außerdem wurden die hier zu berücksichtigen Ziele der Kundenbindung dort ebenfalls festgelegt.

Die Abschnitte C. - E. beschäftigten sich mit der Identifikation der hier zu berücksichtigenden Elemente in Bezug auf den Kunden, die organisationalen Prozesse und der Organisation. Vorweg wurden die Grundelemente im Abschnitt B. skizziert, die Aufschluss über das Konsumentenverhalten im Totalansatz unter der Berücksichtigung der Kundenzufriedenheit geben sollten, sowie Ansätze zur Lösung des Zielkonflikts zwischen Hersteller und Handel untersuchten.

Nachdem die zu berücksichtigenden Elemente vorgestellt waren, wurde deren Beziehungen untereinander im Abschnitt F. skizziert. Hierfür wurde sich konzentriert auf die Beziehung zwischen den Grundelementen (Abschnitt B.) und den Instrumenten der Kundenbindung (Abschnitt C.), der Beziehung zwischen den Elementen der organisationalen Prozesse (Abschnitt D.) und den Instrumenten der Kundenbindung sowie der Beziehung zwischen der Organisation (Abschnitt E.) und den organisationalen Prozessen. Aus diesen Beziehungen wurde dann ein Modell zum ganzheitlichen Ansatz von CRM in Konsumgütermärkten in Abschnitt F.5. entworfen bzw. zusammengefasst.

Diese Diplomarbeit findet dann ihren Abschluss in den Ansätzen zur Begründung der Wirtschaftlichkeit eines ganzheitlichen Ansatzes, mit dem Ziel den hier entwickelten Ansatz abzurunden.

Quellenverzeichnis

Argyris, Chris; Schön, Donald A.: Organizational Learning: A theory of action perspective, Reading (MA) (Addison-Wesley Publishing Company), 1978

Argyris, Chris: Overcoming organizational defenses: Facilitating organizational learning, Needham Heights (MA) (Allyn and Bacon), 1990

Argyris, Chris: On organizational learning, Oxford (Blackwell Publishers), 1992

Argyris, Chris: Knowledge for action - A guide to overcoming barriers to organizational change, San Francisco (CA) (Jossey-Bass Publishers), 1993

Bänsch, Axel: Käuferverhalten, 8. Aufl., München (R. Oldenbourg Verlag), 1998

Berekoven, Ludwig: Erfolgreiches Einzelhandelsmarketing, 2. Aufl. München (Beck), 1995

Bergmann, Katja: Angewandtes Kundenbindungs-Management, Frankfurt am Main (Peter Lang GmbH), 1998

Föhrenbach, Jan Th.: Kundenzufriedenheit und Kundenbindung als Bestandteil der Unternehmenskommunikation, München (FGM-Verlag), 1995

French, Wendell L.; Bell jr., Cecil H.: Organisationsentwicklung, 4. Aufl., Stuttgart (Verlag Paul Haupt), 1994

Gegenmantel, Rolf: Key-Account-Management in der Konsumgüterindustrie, Wiesbaden (Betriebswirtschaftlicher Verlag Dr. Th. Gabler GmbH), 1996

Geißler, Harald: Organisations-Lernen - Gebot und Chance einer zukunftsweisenden Pädagogik, in: Grundlagen der Weiterbildung (1991) Zeitschrift 1, Neuwied (Hermann Luchterhand Verlag GmbH & Co), 1991

Gordon, Ian H.: Relationship Marketing,
Toronto (John Wiley & Sons Canada, Ltd), 1998

Greff, Günter: Möglichkeiten und Grenzen des Telefon-Marketing,
in: Handbuch Direct Marketing, 7. Aufl., (Hrsg.: Dallmer, Heinz),
Wiesbaden (Betriebswirtschaftlicher Verlag Dr. Th. Gabler GmbH), 1997

Hennig-Thurau, Thorsten: Die Klassifikation von Geschäftsbeziehungen mittels Kundenportfolios in: Handbuch Relationship-Marketing (Hrsg.: Payne, Adrian; Rapp, Reinhold),
München (Verlag Franz Vahlen GmbH), 1999

Jeschke, Kurt: Nachkaufmarketing,
Frankfurt am Main (Peter Lang GmbH), 1995

Kaapke, Andreas: Kundenkarten als Instrument der Kundenbindung,
in: Kundenbindung im Handel, (Hrsg.: Müller-Hagedorn, Lothar),
Frankfurt/Main (Deutscher Fachverlag GmbH), 1999

Kieser, Alfred; Kubicek, Herbert: Organisation, 3. Aufl.,
Berlin (Walter de Gruyter & Co.), 1992

Klimecki, R.G.; Probst, G.J.B: "Entstehung und Entwicklung der Unternehmenskultur,
in: Die Unternehmenskultur (Hrsg.: Lattmann, Charles), Heidelberg (Physica-Verlag),
1990

Kotler, Philip; Bliemel, F.: Marketing-Management: Analyse, Planung, Umsetzung, 9.
Aufl., Stuttgart (Schäffer-Poeschel Verlag), 1999a

Kotler, Philip et al.: Principles of Marketing, 2nd Ed.,
London (Prentice Hall Europe), 1999b

Kroeber-Riel, Werner: Strategie und Technik der Werbung, 4. Aufl.,
Stuttgart Berlin Köln (W. Kohlhammer GmbH (Kohlhammer-Edition Marketing)), 1993

Lee, Tim: Is one to one marketing an optimal solution for a web business: discussion2,
http://www.webcmo.com/forum/onetoone/dis2.htm

Levine et al.: The cluetrain manifesto, 1999
http://www.cluetrain.com

Sashkin, Marshall; Kiser, Kenneth J.: Putting Total Quality Management to Work,
San Francisco (Berrett-Koehler Publishers), 1993

Meffert, Heribert: Marketingforschung und Käuferverhalten, 2. Aufl.
Wiesbaden (Betriebswirtschaftlicher Verlag Dr. Th. Gabler GmbH), 1992

Meffert, Heribert: Marketing, 8. Aufl.,
Wiesbaden (Betriebswirtschaftlicher Verlag Dr. Th. Gabler GmbH), 1998

Müller-Hagedorn, Lothar: Kundenbindung mit System, in: Kundenbindung im Handel,
(Hrsg.: Müller-Hagedorn, Lothar), Frankfurt/Main (Deutscher Fachverlag GmbH), 1999

Muther, Andreas: Electronic Customer Care,
Berlin (Springer-Verlag), 1999

Nahrholdt, Christoph: Möglichkeiten und Grenzen der Werbeerfolgskontrolle beim Einsatz von Online Medien, in: Handbuch Direct Marketing, 7. Aufl., (Hrsg.: Dallmer, Heinz),
Wiesbaden (Betriebswirtschaftlicher Verlag Dr. Th. Gabler GmbH), 1997

Pautzke, Gunnar: Die Evolution der organisatorischen Wissensbasis,
Herrsching (Verlag Barbara Kirsch), 1989

Pawlowsky, Peter: Betriebliche Qualifikationsstrategien und organisationales Lernen,
in: Managementforschung 2, (Hrsg.: Staehle, W.H.; Conrad, P.),
Berlin (Walter de Gruyter & Co.), 1992

Peter, Sibylle Isabelle: Kundenbindung als Marketingziel, 2. Aufl.,
Wiesbaden (Betriebswirtschaftlicher Verlag Dr. Th. Gabler GmbH), 1999

Probst, Gilber J.B.: Organisation,
Landsberg/Lech (Verlag Moderne Industrie), 1993

Probst, Gilbert J.B.; Büchel, B.S.T.: Organisationales Lernen,

Wiesbaden (Betriebswirtschaftlicher Verlag Dr. Th. Gabler GmbH), 1994

Probst, Gilber J.B.: Wissen managen,
Wiesbaden (Betriebswirtschaftlicher Verlag Dr. Th. Gabler GmbH), 1999

Reichheld, Frederick F.: Loyalität und die Renaissance des Marketing,
in: Handbuch Relationship-Marketing (Hrsg.: Payne, Adrian; Rapp, Reinhold),
München (Verlag Franz Vahlen GmbH), 1999

Sackmann, Sonja A.: Möglichkeiten der Gestaltung von Unternehmenskultur,
in: Die Unternehmenskultur (Hrsg.: Lattmann, Charles), Heidelberg (Physica-Verlag), 1990

Scharnbacher, Kurt; Kiefer, Guido: Kundenzufriedenheit,
München (R. Oldenbourg Verlag GmbH), 1996

Schreyögg, Georg: Organisation, 3. Aufl.,
Wiesbaden (Betriebswirtschaftlicher Verlag Dr. Th. Gabler GmbH), 1999

Staehle, Wolfgang H.: Management, 7. Aufl.,
München (Verlag Franz Vahlen GmbH), 1994

Staehle, Wolfgang H.: Management, 8. Aufl.,
München (Verlag Franz Vahlen GmbH), 1999

Stern, Louis W.; El-Ansary, Adel I.; Coughlan, Anne T.: Marketing Channels, 5. Ed.,
London (Prentice Hall International), 1996

Thiesing; Middelberger; Vornberger: Abverkaufsprognose mit paralleler Backpropagation,
Osnabrück (Homepage: Universität Osnabrück, Fachbereich Mathematik / Informatik), 1995
http://www2.informatik.uni-osnabrueck.de/papaers_html/fuzzy_neuro_95/fuzzy-neuro.html

Tomczak, Torsten; Reinecke, Sven: Best Practice in Marketing - Erfolgsbeispiele zu den vier Kernaufgaben im Marketing, Wien (Wirtschaftsverlag Carl Ueberreuter), 1998

Trommsdorff, Volker: Konsumentenverhalten, 3. Aufl.,
Stuttgart Berlin Köln (W. Kohlhammer GmbH (Kohlhammer-Edition Marketing)), 1998

von der Heydt, Andreas: Efficient Consumer Response (ECR), 3. Aufl.,
Frankfurt am Main (Peter Lang GmbH), 1998

Wiencke, Werner: Cards & Clubs als Dialog-Marketing-Instrument,
in: Handbuch Direct Marketing, 7. Aufl., (Hrsg.: Dallmer, Heinz),
Wiesbaden (Betriebswirtschaftlicher Verlag Dr. Th. Gabler GmbH), 1997